Irmela Erckenbrecht

Die Kräuterspirale

Gedruckt auf
100% Recyclingpapier

Irmela Erckenbrecht

Die Kräuterspirale

Bauanleitung • Kräuterporträts • Rezepte

pala verlag

1000 Dank ...

… allen, die Schubkarren gefahren, Kies geschleppt, Steine gestapelt, Hintergründe recherchiert, Probe gegessen, Ratschläge gegeben und mir Mut gemacht haben – vor allem Corinna Erckenbrecht, Anja Johannsen, Joseph Smith, Rainer und Uwe Wedemeyer.

Inhalt

Guten Tag!

Sie möchten allein oder gemeinsam mit anderen eine Kräuterspirale bauen? Sie haben von der Kräuterspirale gehört und würden gern mehr über sie erfahren? Sie fragen sich, welche Vorteile eine Kräuterspirale hat? Sie wüssten gern mehr über ihre Geschichte? Sie haben schon eine Spirale, möchten aber noch mehr über die darauf wachsenden Kräuter wissen, sie häufiger verwenden und damit kochen? Oder Sie suchen als kochende Kräuterfans einfach nach neuen, leckeren Kräuterrezepten?

Auf all diese Fragen rund um die Kräuterspirale hat dieses Buch die passende Antwort. Nutzen Sie es ganz nach Ihren Wünschen und jeweiligen Interessenlagen. Sie können bei der ersten Seite anfangen und es wie einen Roman von vorne bis hinten lesen. Sie können aber genauso gut auch mit dem Kapitel beginnen, das Sie am meisten interessiert, oder gleich ohne große Umschweife zur ausführlichen Bauanleitung oder zu den Kräuterrezepten springen. Vielleicht gewinnen dann später irgendwann einmal die einzelnen Pflanzenporträts oder die geschichtlichen Hintergründe Ihre Aufmerksamkeit und Sie nehmen das Buch mit neuem Interesse noch einmal zur Hand.

Das Buch ist in vier Kapitel unterteilt:

Das *erste Kapitel* fragt: »Wozu eine Kräuterspirale?« Es beschreibt die besonderen Vorteile dieser Wendeltreppe für Kräuterpflanzen, erzählt ihre interessante Entstehungsgeschichte und erklärt das dahinter stehende Konzept der »Permakultur«. Auch die symbolische Bedeutung der Spiralform kommt hier zur Sprache – kurz: Der ganze tiefere Sinn wird eingehend beleuchtet.

Das *zweite Kapitel* ist ganz praktisch angelegt. Eine ausführliche Bauanleitung in sieben leicht nachvollziehbaren Schritten lässt den Wunsch nach der eigenen Kräuterspirale Wirklichkeit werden. Aus der praktischen Erfahrung gewonnene Tipps erleichtern die Arbeit und helfen, typische Fehler zu vermeiden. Erklärende Zeichnungen lassen in jeder Bauphase die Übersicht wahren.

Im *dritten Kapitel* folgt dann das kleine Kräuter-Einmaleins. Es wird erklärt, wie man die Kräuter auf der Spirale am besten sät, pflanzt, erntet und aufbewahrt. Eine umfangreiche Tabelle zeigt auf den ersten Blick, welche

Kräuter für die Bepflanzung infrage kommen, was bei ihrem Anbau zu beachten ist und welcher Platz auf der Spirale für sie empfohlen wird.

Das *vierte Kapitel* schließlich ist den Kräutern gewidmet, die man am häufigsten auf Kräuterspiralen findet. In fünfzehn einzelnen Kräuterporträts werden ihre Besonderheiten herausgestellt. Zu jedem Kraut folgen bewährte Rezepte aus meiner vegetarischen Kräuterküche – die leckere Belohnung haben wir uns bis dahin wohl redlich verdient!

Aus allen vier Kapiteln mit ihren unterschiedlichen Blickwinkeln erschließt sich der internationale Erfolg der Kräuterspirale als gärtnerisches Gestaltungselement.

Kräuter leben gern auf mehreren Etagen. Die Kräuterspirale als in sich stabiles, perfekt auf die Bedürfnisse der unterschiedlichsten Kräuterpflanzen zugeschnittenes Biotop bietet ihnen dazu eine willkommene Gelegenheit.

Die Kräuterspirale steht für Vielfalt und Lebendigkeit, besticht durch äußere Schönheit und innere Werte. Rund um die Kräuterspirale können wir säen, pflanzen, ernten, fühlen, schauen, riechen, schmecken. Kurz: Auf kleinstem Raum ist sie uns ein vollständiger Garten.

Das erinnert an einen Ausspruch von C. G. Jung:
»Jeder Mensch braucht ein Stück Garten, wie klein es auch immer sein mag, sodass er in Kontakt mit der Erde und deshalb mit etwas Tieferem in ihm selbst bleibt.«

Lassen Sie uns dieses kleine Stück Garten gemeinsam erobern!

Ihre

Irmela Erckenbrecht

Wozu eine Kräuterspirale?

Kräuter gehören zu den schönsten Geschenken, die uns die Natur in jedem Jahr aufs Neue macht.

In der Küche setzen Kräuter vielen Gerichten genau den richtigen i-Tupfer auf. Sie helfen Salz sparen, bringen Sonne, Fantasie und Urlaubsflair in die Küche, bereichern unser Essen durch Vitamine und Mineralien. Weil sie in manchen Gegenden besonders gut gedeihen, sind sie an der Ausprägung unverwechselbarer Regionalküchen beteiligt – denken wir nur an die berühmten »Kräuter der Provençe«. Und auch sonst wirken Kräuter in jeder Hinsicht geschmacksbildend: In einer Zeit, in der wir mit künstlichen Aromastoffen überschüttet werden, verwöhnen sie uns mit unverfälschten und zugleich unübertrefflichen Geschmacksgenüssen.

Im Garten erfreuen sie uns mit ihren hübschen Blüten, vertreiben Schädlinge und stärken ihre Nachbarpflanzen. Sie locken Bienen, Hummeln und Schmetterlinge an. Und an warmen Sommertagen verströmen sie eine unnachahmliche, kostenlose Aromatherapie.

Doch Kräuter duften und schmecken nicht nur köstlich, sie sind auch rundum gesund. Sie lindern Entzündungen, regen Appetit und Verdauung an, bringen den Stoffwechsel auf Trab. Sie unterstützen Atmung und Kreislauf, wirken gegen Bluthochdruck und Arterienverkalkung, beruhigen strapazierte Nerven, entspannen und fördern einen gesunden Schlaf. Neben vielen Vitaminen und Mineralien enthalten sie zahllose bioaktive Substanzen, darunter hochwirksame Bioflavonoide wie Quercetin und Rutin, die das Immunsystem stärken, Krebsgefahren abwehren, Thrombosen verhindern und das Cholesterin im Blut senken können. Mit ihren ganz besonderen, arteigenen Wirkstoffen, vor allem auch den ätherischen Ölen, üben sie bei vielen Erkrankungen eine segensreiche Heilwirkung aus, die sich Menschen aller Kulturen von alters her zunutze machten.

Von Schamanen und Kräuterhexen

Wer die grünen Gesundmacher im eigenen Garten anbaut und in der Küche verwendet, kommt in den Genuss uralter Weisheiten, die seit Menschengedenken von einer Generation zur nächsten weitergegeben wurden. Selbst Tiere wissen nach neuesten Forschungen um die Heilkraft bestimmter Kräuter. So beobachteten Wissenschaftler in Tansania, dass Schimpansen sich dort bei Magen-Darm-Problemen Blätter von den gleichen Pflanzen holen, die auch die einheimischen Afrikaner bei solchen Beschwerden zur Hilfe nehmen. (Eine Analyse ergab, dass diese Pflanzen ein natürliches Antibiotikum enthalten.)

Die ersten schriftlichen Rezepte für den Umgang mit Kräutern finden sich auf Steintäfelchen der Assyrer. Die Archäologie hat aber deutliche Hinweise dafür, dass unsere Vorfahren schon vor mindestens 50.000 Jahren Kräuter einsetzten, um gekochte Speisen haltbarer und schmackhafter zu machen. In Pfahlbauten aus der Jungsteinzeit fand man Samenkörner von Kümmel, Mohn und Angelika. In den alten Hochkulturen wurden vor allem Heilkräuter gesammelt und kultiviert. Über Tausende von Jahren waren sie in kultische Riten einbezogen. Schamanen, Medizinmänner und weise Frauen in allen Teilen der Welt nutzten Kräuter als wirksame Helfer.

Zu den ältesten schriftlichen Werken der Menschheit gehören Kräuterbücher, die das Wissen über die Verwendung dieser Pflanzen als Würz-, Heil- und Lebensmittel verbreiteten. Schon 300 v. Chr. beschrieb Theophrastus 500 Kräuter. Er, Hippokrates, Galenus und Dioskurides beeinflussten maßgeblich die Medizin und Pflanzenheilkunde des Abendlandes. Die Kräuterkenntnisse aus dem alten Rom überlieferten uns Columnella und Plinius der Ältere. 1570 erschien das berühmte Kräuterbuch des Paracelsus.

Im täglichen Kampf gegen lebensbedrohliche Krankheiten war die »Grüne Hausapotheke« für Mensch und Tier früher unentbehrlich. Daher

Moschee in Samara

wohl auch das Sprichwort: »Gegen jede Krankheit ist ein Kraut gewachsen.« Viele deutsche Pflanzennamen wie Lungenkraut, Wundklee, Augentrost und Frauenmantel zeugen noch heute davon, welche Heilwirkungen man den Kräutern jeweils zusprach. Und was die Verfeinerung der Mahlzeiten anging, war man auf Würziges offenbar sehr erpicht. Der Zugang zu neuen Gewürzen war Triebfeder für die Entdeckung neuer Seewege und Kontinente, es entwickelte sich ein großer, weltumspannender Handel. Die von weither importierten exotischen Gewürze blieben aber extrem teuer. Das gemeine Volk war auf heimische Würzpflanzen angewiesen.

Die starke Wirkung mancher Kräuter und ihre Verbindung mit Kult und Magie machten sie den Menschen aber auch unheimlich. Das Wissen um ihre geheimnisvollen Kräfte bedeutete Macht. Weltlichen und kirchlichen Herrschern war es ein Dorn im Auge, dass es in erster Linie Frauen waren, die dieses Wissen besaßen, anwendeten und weitergaben. Manch heil- und kräuterkundige Frau wurde im Mittelalter als Hexe verschrien und mit dem grausamen Tod auf dem Scheiterhaufen bestraft.

Chemie kontra Natur

Im 20. Jahrhundert trat dann die Chemie ihren Siegeszug an. Alter Heilpflanzen bediente man sich jetzt vor allem, um aus ihnen hochwirksame Stoffe für moderne Medikamente zu isolieren. Synthetische Arzneimittel eroberten die Medizin. Das Reagenzglas ersetzte das Kräuterbeet. Auch aus den Küchen verschwanden viele Naturprodukte. Künstlich hergestellte Aromen und Farbstoffe traten an ihre Stelle. Gleichzeitig kamen in Land- und Gartenbau immer mehr Kunstdünger, Herbizide und Pestizide zur Anwendung.

Von Anfang an gab es Menschen, die sich dieser Entwicklung entgegenstemmten und das alte Wissen bewahrten. Erst in den 1970er-Jahren jedoch entstand eine breite gesellschaftliche Bewegung, die erfolgreich eine Rückbesinnung auf die natürlichen Lebensgrundlagen einzufordern begann. Allzu sichtbar waren die Schäden an der Umwelt durch die ungehemmte Industrialisierung geworden. Umweltschutz, sanfte Medizin und biologischer Anbau auf Äckern und Gartenbeeten wurden zu zentralen Themen. In diesem Zusammenhang entdeckte man auch die Vorzüge alter Würz- und Heilkräuter wieder.

Heute wissen wir, dass die uns überlieferten alten Weisheiten über die Wirkung von Kräutern erstaunlich viel Wahres enthalten. Die heutige Ernährungswissenschaft kennt die gesundheitsfördernden Eigenschaften der Kräuter, sie empfiehlt, sie möglichst oft zu verwenden und eher mit Kräutern als mit Salz zu würzen. Und die moderne Medizin hat die Heilwirkung von Kräutern nachgewiesen, die schon vor Jahrhunderten und Jahrtausenden gegen bestimmte Krankheiten erfolgreich eingesetzt wurden.

Angesichts all dieser positiven Wirkungen, die von den wohltuenden Kräutern ausgehen, ist es kein Wunder, dass die Menschen sich schon früh über ihren Anbau Gedanken machten und der Kräutergarten eine der ältesten Gartenformen ist.

Alte und neue Kräutergärten

Die Idee, eigene Kräutergärten anzulegen, stammt von den Mönchen des Benediktinerordens. »Lernet die Eigenschaften der Kräuter und die Mischungen der Arzneien kennen«, lautete ihr Credo. Als sie über die Alpen nach Norden wanderten, um die Germanen und Franken zu missionieren, brachten sie aus den Ländern am Mittelmeer Samen wichtiger Heil- und Würzkräuter mit. Auf diese Weise kamen Salbei, Thymian, Rosmarin & Co. in die mittelalterlichen Klostergärten.

Auch Karl der Große, der einst kreuz und quer durch sein franko-langobardisches Großreich reiste und dabei viele Regionalküchen kennenlernte, nahm entscheidenden Einfluss auf den systematischen Anbau vieler Heil- und Küchenkräuter. In seiner berühmten »Capitulare de villis«, einer Verordnung für die kaiserlichen Landgüter, befahl er 812 n. Chr. die Anlage von Kräutergärten zum Wohle der Kranken und der Köche – heute würde man wohl sagen: zur allgemeinen Verbesserung der Lebensqualität. Karl der Große nannte 73 Kräuter, die in seinen Gärten angebaut werden sollten, darunter Dill, Petersilie, Fenchel, Koriander und Kerbel, die sich nun sozusagen durch politischen Willen in ganz Mitteleuropa verbreiteten. Bis heute kann man solche nach dem Capitulare angelegte »Karlsgärten« besichtigen, z. B. in kleinerer Form gleich hinter dem gotischen Rathaus in Aachen oder vollständig und mit vielen interessanten Hintergrundinformationen beim nahe gelegenen Gut Melaten.

Aus den meist streng formal oder ornamental angelegten Kräutergärten hinter Burg- und Klostermauern wanderten die dort angepflanzten Heil- und Küchenkräuter im Laufe der Jahrhunderte allmählich in die ringsum liegenden Bauerngärten. Für diese Gärten ist die Mischung von Nutz- und Zierpflanzen typisch. Und während die verschiedenen Kräuterpflanzen auf den Beeten der Bauerngärten heimisch wurden, machte man wertvolle Beobachtungen über positive Wirkungen auf ihre Beetnachbarn. Dabei zeigte sich z. B., dass Lavendel Rosen vor Läusen schützt, Pfefferminze als guter Nachbar auf dem Kohlbeet Kohlweißlinge und Erdflöhe vertreibt und Kümmel den Geschmack von Kartoffeln verbessern kann. Solche Erkenntnisse nutzen moderne Kräuterhexen bis heute für eine gesunde Mischkultur im Biogarten.

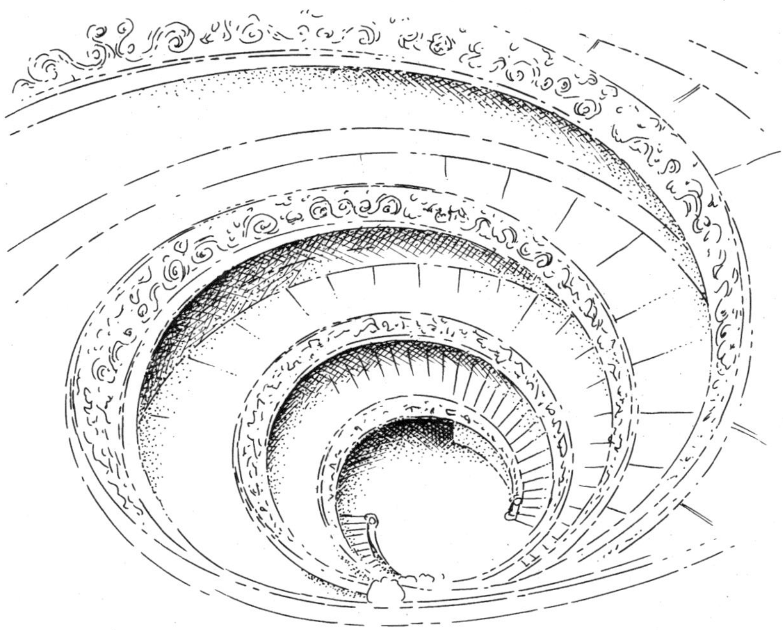

Treppenhaus der Vatikanischen Museen in Rom

Die besonderen Vorteile der Kräuterspirale

Traditionelle Kräutergärten haben jedoch einen entscheiden Nachteil: Sie berücksichtigen nicht die unterschiedlichen Standortansprüche verschiedener Kräuterarten.

Die bei uns heute angebauten Heil- und Würzkräuter stammen nämlich aus den verschiedensten Klimazonen und wachsen dort auf den unterschiedlichsten Standorten. Deshalb stellen sie auch jeweils ganz andere Ansprüche an Temperatur, Feuchtigkeit, Licht und Boden. Während z. B. viele unserer heimischen Kräuter einen feuchten, nährstoffreichen Boden in schattiger Lage bevorzugen, gedeihen Pflanzen aus dem Mittelmeerraum am besten auf trockenen, nährstoffarmen, sonnenbeschienenen Hängen. Das ist kein Wunder, denn aus ihrer Heimat am Mittelmeer kennen sie ein kurzes, regenreiches Frühjahr und einen heißen, trockenen Sommer. Sie zeigen kein üppiges Blätterwachstum, sondern nutzen die Wärme zur vollen Entfaltung ihrer ätherischen Öle, Duft- und Aromastoffe.

Die größten Mengen dieser Stoffe, die sie für uns ja gerade so wertvoll machen, entwickeln Kräuterpflanzen immer dann, wenn sie an einem Standort wachsen, der ihren Bedürfnissen optimal entspricht. Wer schon einmal in Griechenland gewandert ist, wird sich bestimmt daran erinnern, welch intensiven Duft ein Salbeistrauch an einem Berghang verströmt. Vergleicht man dies mit dem Aroma einer Salbeipflanze, die in hiesiger Gartenerde mehr schlecht als recht gedeiht, stellt man fest: Auch deren Blätter riechen und schmecken natürlich unverwechselbar nach Salbei, den höchsten Gehalt an ätherischen Ölen und anderen Inhaltsstoffen, die schönsten Blüten und den herrlichsten Duft entwickelt der Salbeistrauch aber nur dann, wenn er so steht, wie er es am liebsten hat: am sonnigen, trockenen Abhang in einem lockeren, kalkhaltigen Boden.

Die Kräuterspirale hilft, die verschiedenen Ansprüche unterschiedlichster Pflanzen auf kleinstem Raum optimal zu erfüllen. In einer Art Maisonette-Wohnung schafft sie artgerechte Wachstumsbedingungen für Pflanzen mit den verschiedenartigsten Standortansprüchen.

Durch den dreidimensionalen Aufbau und das durchdachte Befüllen mit Kies, Bauschutt, Sand, Kompost und Gartenerde entstehen im Hinblick auf Nährstoffe, Wasserversorgung und Licht sehr differenzierte Standortverhältnisse. Durch die strikte Nord/Süd-Ausrichtung mit klarer Verteilung von Wärme und Kühle, Licht und Schatten treten die Unterschiede so extrem wie möglich hervor. Auch der Windschutz für in dieser Hinsicht empfindliche Pflanzen lässt sich dadurch optimal planen.

Schneckenhaus

Die Ausrichtung auf der Nord/Süd-Achse sorgt außerdem dafür, dass die Sonnenenergie optimal ausgenutzt wird. Die in die Spirale integrierten Steine schaffen ein ausgeglichenes Kleinklima, speichern tagsüber die Sonnenwärme und geben diese dann abends und nachts allmählich an den Boden ab. Das Wasser im kleinen Teich am südlich gelegenen Fuß der Kräuterspirale reflektiert die Sonnenstrahlen und verstärkt diesen Effekt. So können sogar leichte Nachtfröste abgefangen werden.

Da der Kern der Kräuterspirale aus Bauschutt besteht, bleibt der obere Teil weitgehend trocken. Die Hohlräume im Bauschutt wirken wasserführend, anhaftender Mörtel gibt Kalk an den Boden ab. All das fördert das Wachstum der Mittelmeerkräuter, die sich im oberen Teil der Spirale sichtlich wohlfühlen. Während sie den ganzen Tag über Sonne bekommen, werden die äußeren, unteren Bereiche der Spirale durch den wandernden Sonnenstand tageszeitabhängig beschattet. Hinzu kommt, dass nach unten hin immer nährstoffhaltigere Erde eingefüllt wird und die Drainagewirkung von Bauschutt und Kies nachlässt. Deshalb gedeihen im unteren Teil der Spirale heimische Kräuter besonders üppig, zum Teich hin sogar wasserliebende Pflanzen wie die Brunnenkresse.

Ein Biotop und attraktiver Blickfang

Die Kräuterspirale schafft also ideale Wachstumsbedingungen für die unterschiedlichsten Kräuterpflanzen. Vom Feuchtgebiet bis zur extremen Trockenlage ist bei ihr auf kleinstem Raum alles möglich. Die Anlage einer Kräuterspirale ist daher immer auch dann sinnvoll, wenn nur eine begrenzte Anbaufläche zur Verfügung steht und dennoch eine vielseitige Kräuterpalette gewünscht wird. Wegen des relativ geringen Platzbedarfs bietet sie die Möglichkeit, selbst im Vorgarten mit der Selbstversorgung zu beginnen. Auch wer sich keinen großen Nutzgarten anlegen will oder kann, hat mit der Kräuterspirale die Chance, sich ein eigenständiges kleines Gartenparadies zu erschaffen.

Zugleich ist die Kräuterspirale nicht nur ein attraktiver Blickfang, sondern auch eine echte ökologische Bereicherung für den Garten. Die steingartenähnlichen Verhältnisse mit der Trockenmauer und ihren vielen Hohl- und Zwischenräumen bieten einzigartige Lebensräume für Pflanzen und Kleintiere. Typische Mauerpflanzen wie Mauerpfeffer oder Steinröschen können sich selbst in den kleinsten Ritzen ansiedeln. Die sich in der Sonne aufwärmenden Steine werden aber auch von Tieren geschätzt. Mit ein wenig Glück finden sich bald Eidechsen ein und lassen sich beim Sonnenbaden auf den Steinen beobachten. Sie legen ihre Eier in die Höhlen zwischen den warmen Steinen, wo sie auf natürliche Weise ausgebrütet werden. Laufkäfer, Kröten, Frösche, Spitzmäuse können als wirksame Schädlingsbekämpfer zur Stabilität des biologischen Gleichgewichts im Garten beitragen. Üppige Kräuterblüten locken Schwebfliegen, Bienen, Hummeln und Schmetterlinge an, und über den Teich schwirrt vielleicht schon bald die erste Libelle. Wer möchte, kann sogar einen Igelunterschlupf mit in die Kräuterspirale einbauen. In den Bauschutt wird einfach eine nach oben hin wasserdichte Höhle mit leicht ansteigendem Eingang eingelassen (solche Einsätze gibt es fertig zu kaufen).

Das ideale Projekt für Gruppen, Schulklassen und Kindergärten

Eine Kräuterspirale anzulegen macht in der Gruppe besonderen Spaß. Da es dabei viele verschiedene und vor allem schwere ebenso wie leichte Arbeiten zu verteilen gibt, können Erwachsene und Kinder aller Altersstufen daran teilnehmen. Die Aufgabe ist überschaubar und das Ergebnis kann sich sehen lassen – beste Voraussetzungen für ein positives Gruppenerlebnis. Wohl auch aus diesem Grund sind schon viele Kräuterspiralen als ökologische Gruppenprojekte bei Wochenendseminaren für Erwachsene oder Projektwochen für Schüler und Kindergartenkinder entstanden. Als dauerhafte Kleinbiotope mit geringem Pflegeaufwand bilden sie eine schöne Bereicherung für Schulhöfe, Kindergartenanlagen oder Seminarhausgärten. Als Dauereinrichtung bieten sie später vielfältige Möglichkeiten für spannende Beobachtungen und Entdeckungen.

Wer sich mit der Kräuterspirale beschäftigt, kann vieles lernen, üben und ausprobieren: das Säen, Verziehen, Pflanzen und Vermehren der Kräuterpflanzen; das Zupfen unerwünschter Beikräuter; das Zurückschneiden und Ernten; das Herstellen einfacher Kräutergerichte zum sofortigen gemeinsamen Genuss (z. B. Kräuterquark) oder zum Aufbewahren und späteren Verschenken (z. B. Kräuteressig); das Sammeln und Trocknen von Kräutern; das Nähen von Kräutersäckchen (z. B. Lavendel); das Zubereiten von Salben (z. B. Ringelblume); das Analysieren von Inhaltsstoffen; das Erklären von Wirkstoffen; das Beobachten mikroklimatischer Einflüsse; das Klassifizieren von Pflanzennamen und Pflanzenfamilien; das Beschreiben von Blüten, Blättern, Stängeln, Wurzeln und Früchten; das Bestimmen von Pflanzen; das Mikroskopieren von Kleinstlebewesen oder Pflanzenteilen; das Analysieren des Teichwassers; das Beobachten der größeren Tümpelbewohner und der Mikroorganismen im Teich ... Der Fantasie von Lernenden und Lehrenden sind keine Grenzen gesetzt!

Was genau ist eigentlich eine Kräuterspirale?

Die Kräuterspirale ist ein dreidimensionales, spiralförmiges Gartenbeet. Es wird von Steinen begrenzt, die zur Mitte hin schneckenhausförmig ansteigend übereinander gesetzt werden, und bildet damit eine ideale Kombination aus Steingarten, Trockenmauer und Gartenbeet. Durch die Befüllung mit verschiedenen Böden und die strikte Ausrichtung nach Süden wird diese Kombination den Standortansprüchen zahlreicher Pflanzen aus den verschiedensten Klimazonen gerecht.

Die Anbaufläche auf der Kräuterspirale lässt sich grob in die folgenden Zonen aufteilen:

1. Die *obere, trockene mediterrane Zone* mit sandigem, magerem Boden, der auch bei Regen trocken bleibt, weil das Regenwasser durch Sand-, Bauschutt und Kies rasch nach unten abfließt. Hier wachsen Mittelmeerpflanzen wie Thymian, Rosmarin, Estragon, Lavendel, Oregano und Salbei.
2. Die *mittlere Übergangs- oder Normalzone* mit durchlässigem, humosem Boden mit Sand- und Kompostanteil. Hier gedeihen in Mitteleuropa heimische Pflanzen, die Wärme und Sonne mögen, aber auch eine gute Erde schätzen, wie Schnittlauch, Dill, Pimpinelle oder Bohnenkraut.
3. Die *untere feuchte Zone* am Fuß der Spirale mit komposthaltigem Gartenboden ohne Drainage. Hier fühlen sich einheimische Pflanzen wohl, die einen frischen, auch mal schattigen Standort und viele Nährstoffe brauchen, wie Sauerampfer, Waldmeister, Pfefferminze, Zitronenmelisse, Kerbel und Löffelkraut.
4. Die *Wasserzone* am Teich. Hier wuchert am liebsten die scharfwürzige Brunnenkresse.

All die artgerechten Standorte für die jeweiligen Bewohner der Kräuterspirale haben wir natürlich auch schon einzeln gesehen. Die Kombination dieser höchst unterschiedlichen Standorte auf kleinstem Raum aber ist etwas Besonderes und in der Natur in dieser Form nicht zu finden.

Die Kräuterspirale ist also ein von Menschen gemachtes Biotop, ein in sich genau durchdachtes System. Irgendjemand muss sich Gedanken gemacht und die Kräuterspirale ersonnen haben.

Die wenigsten wissen es, obgleich viele die Kräuterspirale kennen oder zumindest schon einmal von ihr gehört haben: Die Kräuterspirale hat eine geistige Heimat, die »Permakultur«, die es zu erkunden lohnt. Und sie hat einen geistigen Vater, Bill Mollison, der sie erfunden hat.

Kleiner Ausflug in die Permakultur

Den Begriff »Permakultur« prägte der 1928 auf der südaustralischen Insel Tasmanien geborene Bill Mollison durch die Verschmelzung der englischen Begriffe *permanent* (»dauerhaft«) und *agriculture* (»Landwirtschaft«) bzw. *horticulture* (»Gartenbaukunst«). Vom Wortsinn her ist also ein »dauerhafter Land- und Gartenbau« gemeint. Die Dauerhaftigkeit entsteht dadurch, dass man eigenständige Ökosysteme schafft, deren möglichst vielgestaltige Elemente so optimal aufeinander abgestimmt sind, dass sie sich auch auf lange Sicht selbst erhalten können.

Die Permakultur versteht sich als Gegenentwurf zum herkömmlichen Land- und Gartenbau, der sich die Natur unterwirft, um ihr in großflächigen Monokulturen unter dem großzügigen Einsatz chemischer Dünger und Schädlingsbekämpfungsmittel den größtmöglichen Ertrag abzuringen – ohne Rücksicht auf die häufig katastrophalen ökologischen und sozialen Folgen.

Im Gegensatz dazu versucht die Permakultur, grundsätzlich mit der Natur und nicht gegen sie zu arbeiten, sie genau zu beobachten und sich die ihr eigenen Prinzipien zunutze zu machen. Das Ziel besteht in der Schaffung stabiler Lebensgemeinschaften verschiedenster Spezies, die harmonisch in einem stabilen Ganzen zusammenwirken und die Umwelt dauerhaft erhalten, anstatt sie zu zerstören. Möglichst viele verschiedene Pflanzen und Tiere sollen sich gegenseitig schützen, fördern und ergänzen. Dies gelingt immer dann am besten, wenn für sie jeweils natürliche Lebensräume entstehen.

Das ganzheitliche Konzept der Permakultur lässt sich auf der ganzen Welt anwenden. Den jeweiligen Gegebenheiten genau angepasst, werden die einzelnen Elemente so miteinander vernetzt, dass sich in einem günstigen Mikroklima stabile Ökosysteme entwickeln können. Von der Natur abgeschaut erhält jedes Lebewesen optimale Lebensbedingungen. Auf diese Weise können selbst steile, schlecht zugängliche, sumpfige oder »unfruchtbare« Gebiete wieder produktiv werden. Die Permakultur als Kunst des Möglichen erweckt sie zu neuem, produktivem Leben. Die Fruchtbarkeit der Erde wird nicht nur erhalten, sondern auf umweltschonende Weise langfristig sogar erhöht.

In diesem Sinne hält die Permakultur potenzielle Lösungen für die Umweltprobleme sowohl in den Industrieländern als auch in der Dritten Welt bereit. Indem sich der Mensch der Landschaft anpasst und nicht umgekehrt, wird die optimale Nutzung des Landes selbst auf kleiner Fläche möglich. Das erklärte Fernziel ist eine überlebensfähige Synthese aus menschlichen Siedlungen, kultivierter Landschaft, natürlicher Vegetation und Tierwelt.

Die Permakultur lehrt uns, mit der Natur in Kontakt zu treten, ihre Prinzipien zu beobachten, zu verstehen und zur Grundlage menschlichen Handelns zu machen. Sie regt uns dazu an, in Kreisläufen zu denken, dauerhafte Systeme zu schaffen, Energie zielgerichtet und verlustarm einzusetzen. Sie hilft uns, bewusster mit den Geschenken der Natur umzugehen.

Weltweite Spuren der Permakultur

1981 bekam Bill Mollison für sein Konzept der Permakultur den Alternativen Nobelpreis. Unermüdlich arbeitete er an der praktischen Umsetzung dieses Konzepts. Gegründet auf die langjährige Beobachtung natürlicher Prinzipien entwickelte er auf der ganzen Welt konkrete Pläne für Gärten, Höfe und Siedlungen nach den Grundsätzen der Permakultur, beschrieb sie in seinen Büchern und legte bei der Verwirklichung selbst mit Hand an. In zahlreichen Ländern, auch in Deutschland, arbeiten bis heute viele Menschen an der Umsetzung und Weiterentwicklung seiner Ideen. Ihr ideales Fernziel ist die weltweite Vernetzung dauerhafter Ökosysteme nach dem Motto: »Global denken, lokal handeln.«

Die Aufgabe besteht jeweils darin, kultivierte Ökosysteme zu schaffen, die ebenso artenreich, stabil und widerstandskräftig sind wie natürliche Ökosysteme. Es geht also nicht darum, lauter kleine Naturschutzgebiete entstehen zu lassen. Die Systeme sollen schon

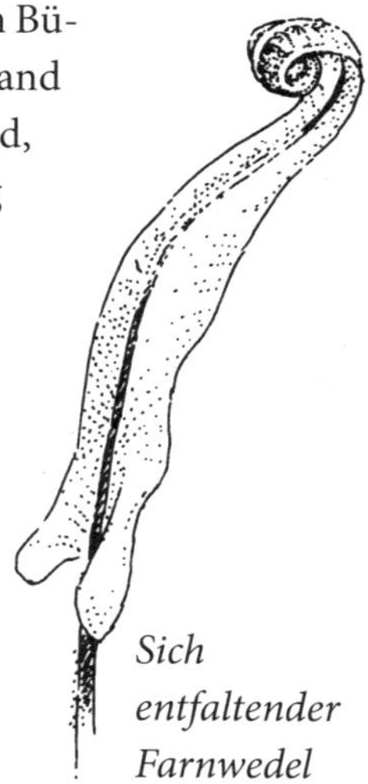

Sich entfaltender Farnwedel

auch etwas abwerfen, das sich vom Ertrag her sehen lassen kann. Dass dies mit Bill Mollisons Ideen gut funktioniert, hat Biogärtnerinnen und -gärtner weltweit so überzeugt, dass sie einige Grundsätze der Permakultur längst täglich praktizieren – häufig ohne sich deren Herkunft bewusst zu sein.

Ein gutes Beispiel dafür ist das Mulchen mit Blättern, Grasschnitt oder gehäckselten Gartenabfällen. Das Prinzip ist ebenso einfach wie genial und der Natur, die nirgends blanke Erde einfach Wind und Regen (und damit der Erosion) aussetzt, direkt abgeschaut. Mulch hält nicht nur die wertvolle Humusschicht am Boden fest, er bereichert sie zusätzlich als langsam verrottender Flächenkompost und macht das Umgraben überflüssig. Gleichzeitig hält er die Bodenfeuchtigkeit, verwöhnt Nutzpflanzen mit einer komfortablen Fußbodenheizung und unterdrückt das Wachstum unerwünschter Beikräuter.

Ähnlich verhält es sich mit der konsequenten Mischkultur auch von Blumen und Gemüsepflanzen. Über die positiven Auswirkungen von Kräutern auf ihre Beetnachbarn haben wir schon gesprochen. Darüber hinaus gibt es noch viele andere günstige Pflanzengemeinschaften, z. B. im Wechsel gepflanzte Sellerie und Blumenkohl, Zwiebeln und Knoblauch zwischen Erdbeerpflanzen oder Kamille unter Rot-, Weiß- und Rosenkohl.

Zwei Lieblingskinder der Permakultur: Gartenteich und Kräuterspirale

Zu den populärsten Abkömmlingen der Permakultur, die sich in den letzten Jahrzehnten weltweit in unseren Hausgärten eingenistet haben, zählt sicherlich der Gartenteich. An ihm lässt sich beispielhaft die von Bill Mollison geforderte Multifunktionalität aller Gartenelemente illustrieren: Jede Funktion soll von mehreren Elementen erfüllt werden und jedes Element soll mehrere Funktionen haben.

Tatsächlich übernimmt der Teich im Garten zahlreiche nützliche Aufgaben: Als eigenständiges Biotop bildet er eine ästhetische Bereicherung. Er ermöglicht den Anbau von Wasser(nutz-)pflanzen. Er lockt Tiere an, die für die natürliche Schädlingsbekämpfung nützlich sind. Außerdem sorgt er (in Hauptwindrichtung zum Nutzgarten) für Luftfeuchtigkeit und für Frostschutz in der Übergangszeit zum Winter. An der Südseite eines Gewächshauses speichert und reflektiert er Wärme, vor allem die Wintersonne.

Verwirklicht wird der Grundsatz der Multifunktionalität aber erst dann, wenn die genannten Funktionen außer vom Teich auch noch von weiteren Elementen des Gartens erfüllt werden. Andere Biotope im Permakulturgarten sind Trockenmauern, Benjeshecken und unberührte Nischen. Dem Anbau von Nutzpflanzen dient der gesamte Garten. Luftfeuchtigkeit spenden Bäume, Büsche und Beregnung. Mulch sorgt für Frostschutz und bewahrt die Bodenfeuchtigkeit. Andere Wärmespeicher sind Trockenmauern, Wassertanks – und natürlich ein weiteres Lieblingskind der Permakultur: die Kräuterspirale. Ihre Entstehungsgeschichte ist besonders interessant.

Die australischen Ureinwohner als Vorbild

Die Permakultur ist ein neues, zugleich aber auch uraltes Konzept, bei dessen Entwicklung die Lebensweise der australischen Aborigines und anderer Urvölker Pate stand. Vor allem die Vorstellung der Aborigines, dass die Menschen sich an das Land anpassen, seine Geheimnisse ergründen und für es sorgen müssen, anstatt es durch rücksichtslosen Raubbau auszubluten, beeindruckte Bill Mollison.

In Australien waren die verheerenden Folgen der konventionellen Landwirtschaft für ihn deutlich sichtbar. Während die australischen Ureinwohner die für Land- und Gartenbau nutzbare Fläche durch ihre Jagd- und Sammelwirtschaft über Jahrtausende erhalten hatten, war sie durch die intensive Landwirtschaft der weißen Farmer in nur 200 Jahren halbiert worden. Weil man mit ungeeigneten Pflanzen Maximalerträge erzwingen wollte, kam es zu massiver Erosion. Viele Landstriche trockneten aus, die Farmen mussten aufgegeben werden. Erst mit Hilfe seiner Permakultur-Projekte schaffte es Bill Mollison, einen Teil dieser Flächen neu zu beleben.

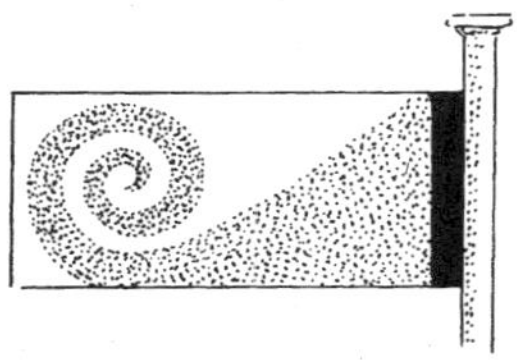

Von Friedensreich Hundertwasser entworfene alternative Flagge Neuseelands

Bei der Suche nach möglichen Lösungen für die Umweltprobleme moderner Gesellschaften kam Bill Mollison immer wieder auf grundlegende Weisheiten der australischen Ureinwohner zurück. Dabei spielten die kunstvollen Muster, die Aborigines in den Sand malten und besangen, eine große Rolle. Mollison befasste sich besonders mit dem Stamm der Pitjantjatjara und erfuhr, dass die Frauen dieses Stammes Ortsfremden mit ihren Gemälden und Gesängen in der scheinbar öden Wüstenlandschaft ganz genau den Weg zu einem einzelnen Stein weisen konnten. Tatsächlich gaben ihre Sandmuster noch die kleinsten Erhebungen und Verwerfungen in der Wüste wieder. Beim Blick auf die Landschaft vom Flugzeug aus konnte Mollison einzelne Muster exakt wiedererkennen.

Mit Hilfe der Sandmuster orientierten sich die Aborigines also in der Landschaft, in der sie lebten, und gaben ihr Wissen über besondere Plätze und Strukturen weiter. Fortan bemühte sich Bill Mollison, sein Auge für solche natürlichen Muster zu schärfen und sie in die Gestaltung von Kulturlandschaften im Sinne der Permakultur einzubeziehen.

Die Geburtsstunde der Kräuterspirale

1981 berichtete Bill Mollison in einem Vortrag, wie er die Kräuterspirale erfand:

»Ich lag eines Abends im Bett und dachte nach. Das Problem mit den Mustern ist, dass sie alle zweidimensional sind: Sie erheben sich nicht in die Luft und senken sich nicht in den Boden. Dann kam mir das Bild von einer Meeresschnecke. Schnecken nehmen diese Form ja nicht ohne Grund an. Sie tun es, weil es eine sehr effektive Methode ist, möglichst viel Verdauung auf kleinstem Raum unterzubringen. Warum lassen wir unsere Gärten nicht auch nach oben steigen und nach unten in den Boden wachsen? An diese Möglichkeit denken wir gar nicht. Stattdessen nehmen wir die Gartenschnur her, ebnen alles ein, harken den Boden glatt und führen alle Muster nur auf der Fläche aus. Und wenn unser Garten anfangs noch nicht ganz eben ist, werden wir ihn bald so weit haben.

Ich dachte an die stufenförmigen Türme der alten Sumerer und Assyrer, um deren Mitte sich eine heilige Spirale windet. Ich dachte an ein Stück Papier, in das man eine Spirale schneidet. Hält man sie in der Mitte fest, schraubt sie sich nach oben. Man müsste einen kleinen Steinhaufen bauen und eine solche Spirale daran hinaufführen.

Am nächsten Tag ging ich hinaus in den Garten und baute eine Spirale von etwa zwei Metern Durchmesser. Dann fragte ich mich, warum ich sie nicht auch in den Boden graben sollte. Dadurch würde sich ein noch stimmigeres Muster ergeben. Die ausgehobene Stelle könnte man mit Wasser füllen. Ich baute die ganze Sache an einem Nachmittag.

Sofort war mir klar, dass ich eine Vielzahl von Mikroklimazonen geschaffen hatte, schattige und halbschattige Stellen und schöne helle, heiße,

Turmbau zu Babel
(nach Pieter Bruegel d.Ä.)

sonnige Standorte an der Spitze. Inzwischen ist aus der Spirale ein dauerhaftes kleines Beet geworden, das sich hervorragend für Küchenkräuter eignet. Durch unterschiedliche Drainagen gibt es trockene und feuchte Stellen, Hitze und Schatten sind unterschiedlich verteilt. Außer der Oberfläche lassen sich auch die Seiten bepflanzen. Ohne Probleme bekommt man Petersilie und Schnittlauch, Thymian, Rosmarin, Estragon und viele andere Kräuter unter. Auf zwei Spiralen nebeneinander könnten wahrscheinlich genug Kräuter wachsen, um selbst den anspruchsvollsten Koch zufrieden zu stellen. Außerdem ist die Spirale sehr schön anzusehen.«

Die Idee zündete. Von allen Elementen der Permakultur war die Kräuterspirale von Anfang an besonders erfolgreich. Unzählige Profi- und Hobbygärtner auf der ganzen Welt haben sie nachgebaut, auch auf Gartenschauen und in Mustergärten ist sie immer wieder zu sehen.

Der große Erfolg lässt vermuten, dass vielleicht noch etwas anderes dahintersteckt. Könnte es sein, dass über die geniale gärtnerische Idee hinaus die Form der Spirale etwas viel Tieferes in uns berührt?

Die Spirale, allgegenwärtig in der Natur

Als Urform des Lebens begegnet uns die Spirale überall in der Natur. Sie steckt in allem, was schnecken- oder schraubenförmig ist, in Schneckenhäusern, Seemuscheln, den Tentakeln des Oktopus, den Hörnern von Gazellen, einer zum Schlafen eingeringelten Katze, einer zusammengerollten Schlange oder auch dem menschlichen Ohr. Selbst unsere Erbinformation ist in Form einer zweifachen Spirale (»Doppelhelix«) abgelegt. Vom menschlichen Embryo bis zum kosmischen Spiralnebel – die Spiralform mit der ihr innewohnenden dynamischen Entwicklung und Bewegung bestimmt unser Leben. Nicht zuletzt gehört auch unser Milchstraßensystem zu einer Spiralgalaxie.

Es gibt Pflanzen, die spiralförmig wachsen, z. B. Schlingpflanzen wie Hopfen und Knöterich. Manche Pflanzensamen sehen spiralförmig aus, z. B. die der Ringelblume. Und es gibt Blätter, die sich spiralförmig entfalten – z. B. die Wedel des Farns.

Der Farn ist ein wichtiger Bestandteil der Flora Neuseelands und bis heute ein wichtiges Symbol für die dortigen Ureinwohner, die Maoris. Die sich entfaltende Spirale versinnbildlicht für sie die Zugewandtheit zur Natur, zur kulturellen Heimat und zum Ursprung, aber auch die Hinwendung nach außen und die Entfaltung zu neuem Leben. Kein Wunder, dass die alternative Flagge Neuseelands, die Flagge der Maoris, eine grüne Spirale zeigt (siehe S. 22). Entworfen wurde sie von Friedensreich Hundertwasser, der sie Neuseeland schenkte, als er 1983 die neuseeländische Staatsbürgerschaft bekam.

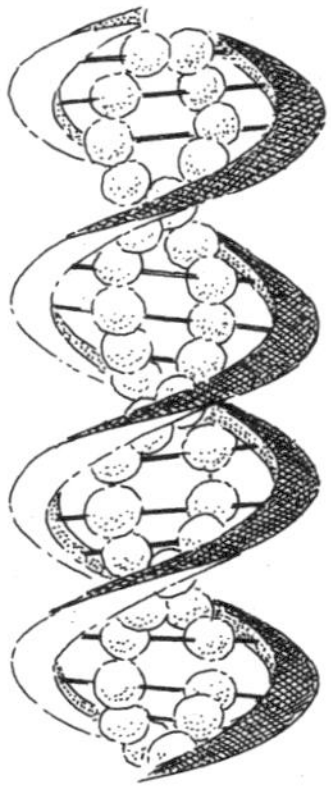

Doppelhelix der DNA

Die Spirale, ein uraltes Symbol

Im Urzustand »Te Kore« waren nach der Überlieferung der Maori Mutter Erde und Vater Himmel in einer ewigen Umarmung miteinander vereint. Doch dann kam »Te Po«, die Zeit des Wandels. Junge Göttergestalten, Kinder von Mutter Erde und Vater Himmel, wuchsen heran. Wie jede neue Generation drängten sie auf Veränderung. Gemeinsam mit seinen Geschwistern hob Tane, der Gott der Bäume und des Waldes, den Himmel von der Erde. »Spiralen des Wissens und des Lichts« drangen auf die Erde. So wurde »Te Ao Marama«, das Zeitalter der Menschen, möglich. Die Menschen konnten auf der Erdoberfläche leben und sich von den Früchten des Waldes und des Meeres ernähren.

Wir sehen, die Spirale ist ein seit Urzeiten verwendetes Symbol. Die Maoris schnitzten Spiralen nicht nur auf Boote, Torpfosten und Türsturze, sie tätowierten auch ihre Gesichter mit vielgestaltigen Spiralmustern. Form und Platzierung (z. B. auf Stirn, Wange oder Kinn) hatten jeweils ihre eigene Bedeutung wie etwa die Abstammung, ein besonderer Ruhm als Kämpfer oder Hüter geheimen Wissens.

Auch in anderen Teilen der Welt besaß die Spirale seit alters her eine tiefe Symbolik. Nach den Vorstellungen der Dogon in Mali, Westafrika, setzte z. B. Amma, der oberste Schöpfer der Welt, die Erde in spiralförmige Bewegungen, in deren Zentrum er sich selbst befand. Auch sein Schlüsselbein, in der Überlieferung (Schöpfungsmythologie) der Dogon Geburtsstätte der ersten Menschen, war in spiralförmiger Bewegung, und seine Arme

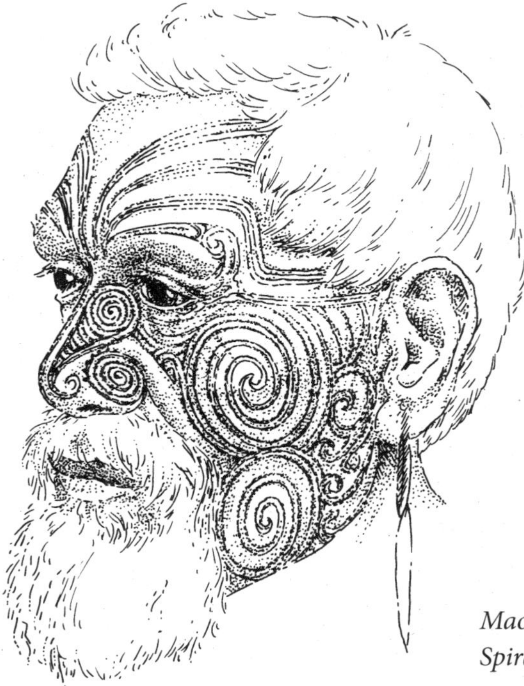

Maori mit Spiralen-Tattoo

beschrieben eine dreidimensionale Spirale im Raum. Folgerichtig ist die Spirale auch ein häufiges Motiv in der Dogon-Weberei.

Ein anderes Volk, die Nazca im heutigen Peru, schufen auf einer etwa 450 Kilometer südlich von Lima gelegenen Hochebene die ebenso berühmten wie rätselhaften Linien und Bilder, deren Formen und Ausmaße sich erst aus der Vogelperspektive erschließen, darunter zahlreiche geometrisch exakte Spiralen mit Durchmessern von bis zu 80 Metern.

In Sibirien, in einer Höhle in Mal'ta, nördlich von Irkutsk, fand man einen 24.000 Jahre alten, mit einer eingeritzten Spirale verzierten Mammutzahn als Grabbeigabe. Die Spirale hat in der Mitte ein Loch. Möglich, dass sie den Lebensweg des Verstorbenen und seinen Übertritt in eine andere Welt darstellen sollte.

Doch nicht nur bei den Urvölkern, auch in der Kunst und Architektur späterer Länder und Zeitalter stößt man immer wieder auf die Spirale.

Berühmte Beispiele sind die große Moschee in Samara (siehe S. 10), das Treppenhaus der Vatikanischen Museen in Rom (siehe S. 13) oder das große, in den Fußboden eingelegte spiralförmige Labyrinth in der Kathedrale von Chartres.

Wer schon einmal an einem dieser Orte war und die Spiralen auf sich wirken ließ, weiß, dass von ihrer Form etwas ganz Besonderes ausgeht. Und ganz bestimmt rührt die Faszination der von Sir Norman Foster entworfenen neuen Glaskuppel auf dem Gebäude des Berliner Reichstags auch von den in einer Doppelspirale sanft aufsteigenden bzw. abfallenden Rampen her, auf denen die Besucher die Kuppel selbst begehen können.

Spiralen des Wissens und des Lichts

Die Spirale ist eine Linie, die sich aus sich selbst entrollt und von Drehung zu Drehung über sich hinauswächst. Sie ist eine dynamische Form, die uns – je nachdem, in welcher Richtung wir ihr folgen – ins Zentrum oder in die Weite führt. Sie steht für Wachstum und Entfaltung. Sie versinnbildlicht die Kreisläufe des Lebens – doch nicht im Sinne einer ständigen Wiederholung. Die Spirale schließt Kreisbewegung und Weiterentwicklung ein: Alles ist zyklisch, doch nichts bleibt, wie es war.

Alte neuseeländische Götter trennen Himmel und Erde und schicken den Menschen Spiralen des Wissens und des Lichts

Holen wir uns das Symbol dieses Wissens in unseren Garten. Verwirklichen wir bewusst ein kleines Stück Permakultur.

Wie sagte Bill Mollison in einem seiner Vorträge?

»Wenn jemand mich fragt: ›Wo soll ich anfangen?‹ antworte ich: ›An Deiner Türschwelle.‹«

Packen wir's an!

Eine eigene Kräuterspirale bauen – Schritt für Schritt

Eine eigene Kräuterspirale zu bauen ist nicht schwer. Vermutlich brauchen Sie ein wenig länger als ihr Erfinder Bill Mollison, der berichtet, seine erste Spirale habe er an einem Nachmittag gebaut. Aber dafür lassen sich Bau und Vorbereitung in übersichtliche Einzelschritte unterteilen. Ob Sie Ihr Vorhaben nun alleine verwirklichen oder Ihnen eine Gruppe tatkräftiger Helfer zur Seite steht – wenn Sie Schritt für Schritt vorgehen, brauchen Sie sich zu keinem Zeitpunkt überfordert zu fühlen.

Die günstigste Jahreszeit für den Bau einer Kräuterspirale ist das zeitige Frühjahr, denn winterharte Kräuter pflanzt man am besten von Anfang März bis Mitte Mai, nicht winterharte, einjährige Kräuter ab Mitte Mai, nach den Eisheiligen, wenn die Frostgefahr vorüber ist. Wenn Sie Ihre Kräuterspirale im Frühjahr bauen, haben die jungen Pflanzen über den Sommer genügend Zeit, sich kräftig zu entwickeln. Sie können Ihre Kräuter noch im gleichen Jahr über die gesamte Wachstumsperiode beobachten und vor allem viele leckere Kräuter ernten.

Aber auch im Herbst macht der Bau einer Kräuterspirale Sinn. Zwischen Ende August und Ende November können winterharte Kräuter noch ins Freie gepflanzt werden. Im darauf folgenden Frühjahr können Sie dann beobachten, wie Ihre Spirale allmählich zum Leben erwacht.

Wählen Sie also in Ruhe den für Sie richtigen Zeitraum und planen Sie in jedem Fall mehrere Termine ein. Zwischen dem Bau der Spirale und deren Bepflanzung sollten einige Regengüsse verstreichen, damit die Befüllung sacken und bei Bedarf noch etwas Sand, Kompost und Erde nachgefüllt werden kann.

Damit Sie den Bau ganz gelassen angehen können und dabei nichts schiefgehen kann, sind die nötigen Arbeiten im folgenden Abschnitt in sieben Schritte übersichtlich unterteilt.

Erster Schritt: Standort auswählen

Prüfen Sie die Ihnen zur Verfügung stehende Fläche mit kritischem Kräuterspiralenblick. Vor allem braucht die Spirale unbedingt einen sonnigen Standort, damit die wärmebedürftigen Mittelmeerkräuter sich voll entfalten und ihre Duft- und Aromastoffe optimal ausbilden können.

Ideal wäre es, wenn Sie zusätzlich die Wärmerückstrahlung einer weißen Wand ausnutzen und die Kräuterspirale in Hausnähe bauen könnten, was auch dem Bedürfnis entgegenkommt, zwischen Küche und Kräutern einen möglichst kurzen Weg zu haben.

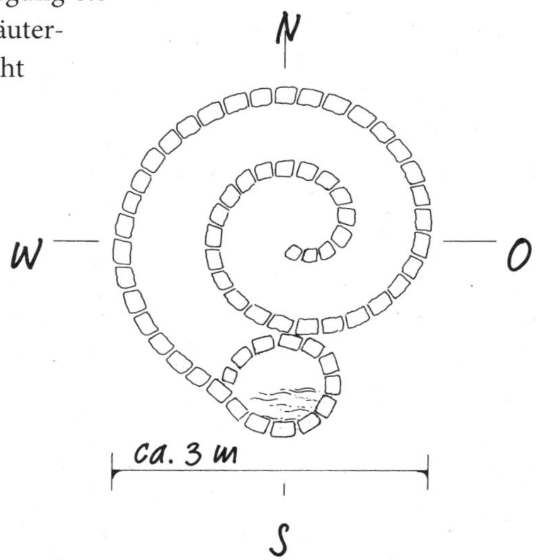

Grundform der Kräuterspirale

Bill Mollison meinte: »Ich sage den Leuten oft, stellt euch einen großen Büschel Petersilie irgendwo ganz hinten in eurem Garten vor. Ihr habt gerade Suppe gemacht, ihr schaut aus dem Fenster, es regnet, ihr habt Hausschuhe an und Lockenwickler im Haar. Ihr werdet euch nicht umziehen, um durch den nassen Garten zu eurer Petersilie und wieder zurück in die Küche zu gehen. Ihr werdet lieber auf die Ernte verzichten.«

Also: möglichst nah heran an die Kochtöpfe mit der Kräuterspirale! Und am besten schon jetzt überlegen, wie man sie auch bei feuchtem Wetter einigermaßen trockenen Fußes erreichen kann.

Außerdem braucht die Spirale einen windgeschützten Standort. Nutzen Sie den natürlichen Windschutz durch Hecken oder Sträucher. Notfalls können Sie Ihre Spirale auch mit Bohnen-, Erbsen- oder Sonnenblumenpflanzungen abschirmen. Andererseits sollten Sie eine Beschattung vermeiden und die Kräuterspirale unbedingt außerhalb des Schlagschattenbereichs solcher Pflanzungen anlegen.

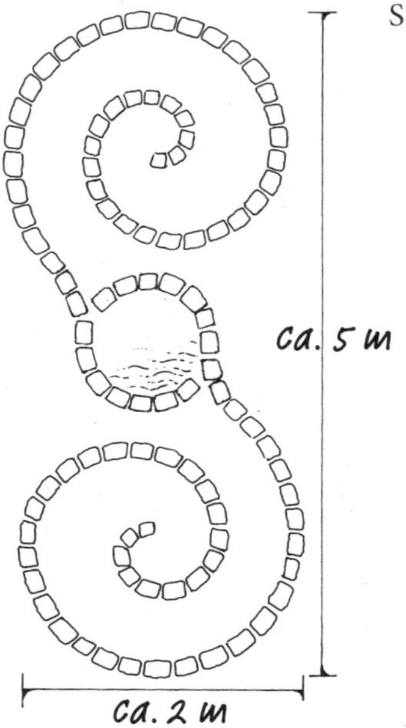

Doppelspirale

Schließlich sollte sich die Kräuterspirale harmonisch in das Gesamtbild Ihres Gartens einfügen und keinen Fremdkörper darstellen. Überlegen Sie deshalb auch, wo sie optisch am besten zur Geltung käme.

Besonders günstig ist die Nord/Süd-Ausrichtung mit der Wasserzone im Süden – die Reflexion der Sonnenstrahlen durch das Wasser bringt zusätzlich Wärme an die Südseite der Spirale. In Trockenzeiten muss der Teich regelmäßig nachgefüllt werden. Ist in Ihrem Garten bereits ein Teich vorhanden, können Sie auch überlegen, ob Sie die Kräuterspirale an der Nordseite des bestehenden Gartenteichs anlegen.

Um die angestrebten Standortvorteile tatsächlich erreichen zu können, sind ein Durchmesser von 2,5 – 3 Metern und eine Höhe von 80 – 100 Zentimetern unbedingt erforderlich. Eine niedrigere Spirale sieht vielleicht auch ganz nett aus, die verschiedenen Kleinklimazonen können so jedoch nicht entstehen.

Bei 3 Meter Durchmesser benötigt man etwa 6 Quadratmeter Grundfläche. Eine Spirale dieser Größe hat auf Dauer für etwa 15 verschiedene Kräuter Platz.

Die meisten Kräuterspiralenbauer halten sich an die bewährte Grundform. Andere entscheiden sich für individuelle Varianten – erlaubt ist, was gefällt! Probieren Sie es mit einer kleinen Steinpyramide mit einer Vogeltränke auf der Spitze oder einem Unterschlupf für Igel am Fuß der Trockenmauer. Auch ob Sie Ihre Spirale links oder rechts herum drehen, bleibt Ihnen selbst überlassen. Die Rechtsdrehung wird von vielen als harmonischer empfunden. Auch in der Natur kommt sie häufiger vor (von 20.000 Schneckenhäusern dreht eines nach links). Aber es gibt auch »linkshändige« Schlingpflanzen wie z. B. den Hopfen, und die meisten Wendeltreppen drehen nach links, vermutlich, weil sich die Mehrheit der Rechtshänder dann

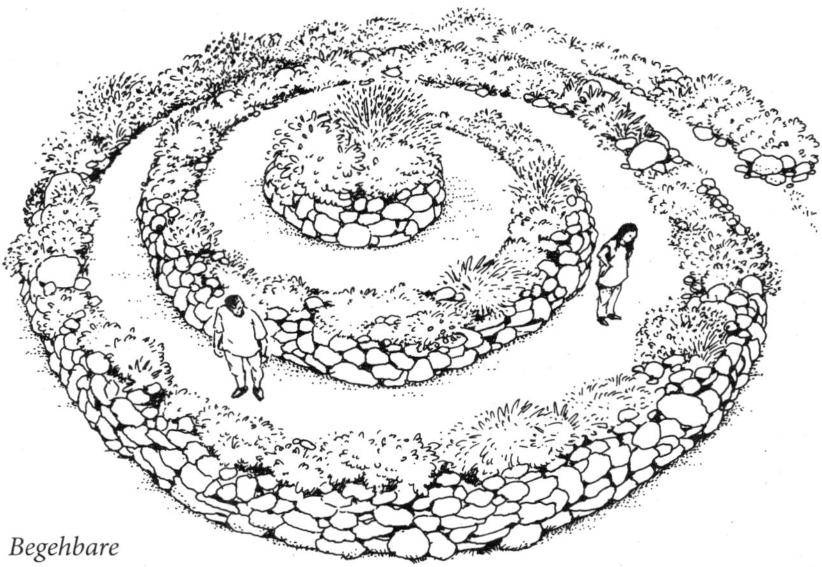

Begehbare Kräuterspirale

besser außen am Geländer festhalten kann. Folgen Sie einfach Ihrer eigenen Intuition.

Wie Sie an den Abbildungen auf dieser Doppelseite sehen können, lässt sich die Grundform mit schönen Ergebnissen spielerisch verändern. Die Bilder zeigen eine Doppelspirale, wie sie Rainer Wedemeyer im Schulgarten des Zoos in Hannover angelegt hat, und eine begehbare Kräuterspirale mit neun Meter Durchmesser, wie sie beim Kloster St. Georgen am Längsee in Kärnten zu sehen ist. In St. Georgen gibt es außer der begehbaren Kräuterspirale übrigens auch einen echten Permakulturgarten, den man (mit fachkundiger Führung!) besichtigen kann.

Sobald Sie den richtigen Standort gefunden und sich für eine Form entschieden haben, zeichnen Sie sich einen groben Grundriss, an dem Sie sich später auf Ihrer »Baustelle« orientieren können.

Zweiter Schritt: Material beschaffen

Ehe Sie richtig loslegen können, müssen Sie nun erst einmal das nötige Material beschaffen. Es hat sich bewährt, alles zuerst an Ort und Stelle zu bringen, dann können die einzelnen Bauschritte zügig aufeinanderfolgen.

Für eine Spirale mit einem Durchmesser von 2,80 Metern benötigen Sie etwa einen halben Kubikmeter Kies oder Schotter für die in den Boden eingelassene Drainage.

Dann brauchen Sie natürlich Steine für die Trockenmauer, beim oben genannten Durchmesser entsprechend einer Menge, mit der man etwa fünf Quadratmeter pflastern kann. Am häufigsten werden Natursteine verwendet, am günstigsten solche, die bereits kalkhaltig sind. Aber auch behauene Feld-, Sand- und Kalksandsteine sind ebenso geeignet wie Flusskiesel, Bruch- oder Basaltsteine, Werksteine (z. B. gerumpelte Pflastersteine) oder gar zertrümmerte Gehwegplatten, Tonklinker oder Ziegelsteine. Selbst aus alten Tonziegeln lässt sich eine originelle Kräuterspirale bauen. Für welche Art von Steinen Sie sich entscheiden, ist eine Frage des Stils und des Geschmacks – und natürlich auch der Vorratslage. Steine, die man extra kaufen muss, sind die teuerste Lösung. Wenn Sie selbst noch Reste haben oder von Nachbarn günstig Steine bekommen können, sollten Sie überlegen, ob sich nicht aus dem Vorhandenen etwas Schönes schaffen lässt. Manchmal werden bei Hausbau oder Hofpflasterung übrig gebliebene Steine auch in Kleinanzeigen angeboten.

Wichtig ist, dass die Steine harmonisch in die Umgebung passen. Viele greifen automatisch zu Natursteinen, weil sie meinen, etwas so Ökologisches wie eine Kräuterspirale dürfe man nur aus Natursteinen bauen. Die Verwendung von Baustoffresten ist aber ökologisch ebenfalls sinnvoll. Und in einem formal eher streng angelegten Garten sieht eine Spirale aus etwa gleich großen behauenen Natursteinen oder Werksteinen unter Umständen sogar besser aus als eine eher urwüchsige Spirale aus sehr unregelmäßigen Natursteinen, die eher unruhig wirkt. Überlegen Sie selbst, was zu Ihnen und Ihrem Garten am besten passt.

Egal, für welche Art von Steinen Sie sich entscheiden – als »Faustregel« im wahrsten Sinne gilt: Die Steine sollten mindestens faustdick und höchstens so groß und schwer sein, dass zwei Personen sie noch bewegen können. Die großen, schweren Steine bilden das Fundament der Spirale, die kleine-

Eher urwüchsige Kräuterspirale aus Natursteinen

ren kommen nach oben. Wenn Sie die Steine schon beim Lagern grob nach Größe sortieren, geht die Arbeit später leichter von der Hand.

Die Steine brauchen Sie für die schneckenhausförmige Trockenmauer. Ihre »innere Größe« gewinnt die Kräuterspirale durch einen Kern aus mindestens sieben Schubkarren Bauschutt, der möglichst kalkhaltig sein sollte. Ideal sind alte Ziegel oder Ziegelsteine, an denen noch Kalkputz haftet. Hat der Schutt, den sie auftreiben können, eher wenig Kalk, können Sie groben

Strengere Form aus behauenen Steinen oder Werksteinen (z. B. gerumpelten Pflastersteinen)

Kalkmergel darüber streuen (Kalkmergel bekommen Sie im Agrar- oder Baumarkt; Kalkpulver, das es in Gartenmärkten zu kaufen gibt, wäre zu schnell verfügbar). Kalk ist deshalb so wichtig, weil vor allem im oberen Bereich der Kräuterspirale ein relativ hoher pH-Wert (ab 5,5) angestrebt wird. Ein pH-Wert von 6,5 bis 7 ist optimal.

Vielleicht haben Sie von einer alten Umbaumaßnahme noch etwas Bauschutt übrig. Eine gute Quelle – auch für Steine – können außerdem die Bauhöfe der Gemeinden sein. Oder Sie fragen bei Nachbarn oder gezielt bei Abrisshäusern nach, gerade Bauschutt wird oft mit Kusshand abgegeben. Schauen Sie sich den Schutt aber auf jeden Fall genauer an. Gasbeton (z. B. Ytong) sollte nicht enthalten sein, denn er zersetzt sich ungünstig und wird oft mit unverrottbarem Kleber verarbeitet. Verwenden Sie auch sonst keine geklebten Materialien, Kunststoffe oder durch Chemikalien möglicherweise verunreinigten Baustoffreste. Schließlich wollen Sie unter Ihrer Kräuterspirale keine Giftmülldeponie anlegen. Achten Sie darauf, dass Sie wirklich nur Ziegelbruch oder Ähnliches bekommen.

Über den Bauschutt werden in die Spirale Gartenerde, Kompost und Sand gefüllt. (Zu dem genauen Mischungsverhältnis kommen wir später.) Die dafür nötige Gartenerde erhalten Sie automatisch durch den Aushub für Teich und Drainage. Ein paar Schubkarren Kompost müssen Sie selbst von Ihrem Komposthaufen »ernten« oder im nächsten Kompostwerk besorgen. Sand gibt es entweder wiederum als Rest vom eigenen Hausbau, günstig bei Nachbarn bzw. beim Bauhof oder im Baumarkt säckeweise zu kaufen. Mit drei bis vier Schubkarren Sand müssen Sie bei einer Spirale mit einem Durchmesser von 2,80 Metern mindestens rechnen.

Schließlich brauchen Sie für den Teich am Fuß der Kräuterspirale noch wahlweise einen alten Mörtelkübel, eine Plastikwanne oder ein Stück Teichfolie. Auch ein dichtes, offenes Fass oder ein gebrauchter Kessel sind unter Umständen geeignet. Was Sie verwenden, kommt wiederum auf Ihre »Vorratslage« und auf das Platzangebot in Ihrem Garten an. Wenn Sie etwas mehr Geld ausgeben möchten, können Sie im Gartenmarkt auch eine der vorgefertigten Teichwannen kaufen, die mittlerweile auch schon in kleineren Abmessungen angeboten werden. Der Vorteil solcher Wannen besteht in dem gestuften Rand, der sich gut bepflanzen und gestalten lässt. Wer in seinem Garten kein Plastik vergraben will, kann auch versuchen, den Teichboden mit gestampftem Ton abzudichten, was aber ziemlich schwierig ist und oft keine dauerhafte Dichtigkeit bringt.

Zum Schluss noch eine Liste zum Abhaken bei der Materialbeschaffung:

- ▷ Kies oder Schotter für die Drainage
- ▷ Steine für die Trockenmauer
- ▷ Bauschutt für den Kern der Spirale
- ▷ Kompost für die Befüllung im mittleren Teil der Spirale
- ▷ Sand für die Befüllung im oberen Teil der Spirale
- ▷ Kübel, Wanne oder Folie für den Teich am Fuß der Spirale

Dritter Schritt: der erste Spatenstich

Haben Sie sich für den Standort entschieden und das nötige Material bekommen, geht es nun zunächst darum, den Grundriss Ihrer Kräuterspirale auf den Gartenboden zu übertragen.

Basteln Sie sich als Erstes aus zwei Stöcken und einem Bindfaden einen Zirkel mit dem gewünschten Radius. Soll Ihre Kräuterspirale z. B. einen Durchmesser von drei Metern haben, muss der Bindfaden 1,5 Meter lang sein. Mit diesem Zirkel ziehen Sie einen Kreis in den Gartenboden und streuen ihn mit hellem Sand nach, damit Sie ihn gut überblicken können.

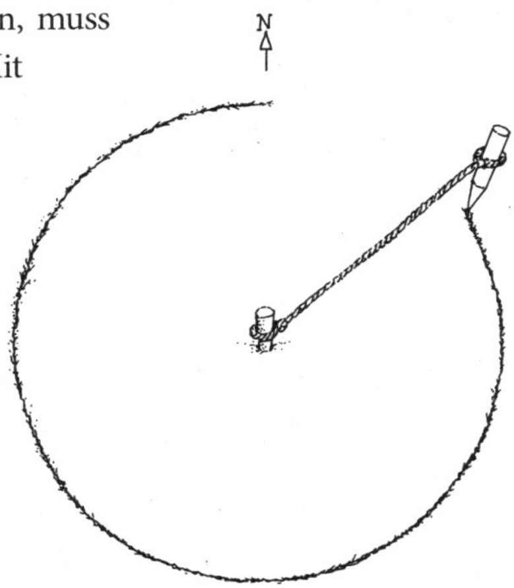

Mit einem selbst gemachten Zirkel wird ein Kreis gezogen und die Nord/Süd-Achse eingezeichnet

Ziehen Sie nun mit einem Stock die Nord/Süd-Achse ein (auf ein paar Zentimeter kommt es dabei nicht an). Am südlichen Ende markieren Sie einen kleinen Kreis für den Teich und ritzen davon ausgehend mit einem Stock innerhalb des Kreises den Grundriss Ihrer Spirale ein. Bedenken Sie dabei, dass der Abstand zwischen den

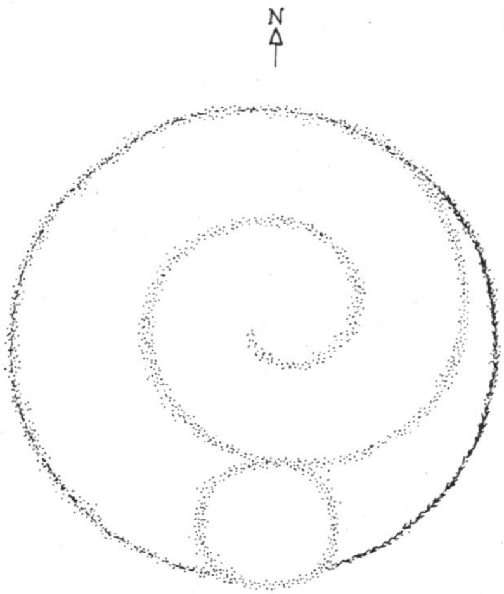

Zeichnen Sie den Grundriss Ihrer Spirale ein und streuen Sie mit hellem Sand nach

späteren Mauern nicht zu schmal werden darf. 60 Zentimeter Breite sollte die Pflanzfläche schon haben.

Streuen Sie die Linien anschließend wiederum mit hellem Sand nach. Jetzt tritt die Form Ihrer Spirale deutlich zu Tage. Sie können eine anschauliche Vorstellung davon gewinnen, wie sie später aussehen wird, und können Korrekturen vornehmen, bis Sie die Form haben, die Ihnen gefällt.

Statt mit Sand zu streuen, können Sie auch eine Wäscheleine auslegen, die allerdings schneller verrutscht, sich aber auch leichter in der Form korrigieren lässt. Wer es ganz genau machen möchte, nimmt erst die Wäscheleine und dann den Sand.

Jetzt ist die Zeit für den ersten Spatenstich gekommen. Der Boden unter der Spirale wird für die Drainage einen Spatenstich tief ausgehoben und anschließend mit wasserdurchlässigem Kies oder Schotter wieder gefüllt. Ausgenommen von dieser Maßnahme ist der am Teich gelegene nährstoffreiche Bereich für heimische Kräuterpflanzen, der ohne Drainage bleibt (in der Zeichnung auf Seite 39 ist dieser Bereich schraffiert abgebildet).

Zuletzt wird der Teich ausgehoben. Wollen Sie einen Kübel oder eine Wanne eingraben, sollte das Loch so tief sein, dass der Behälter gerade darin verschwindet. Haben Sie sich für die Teichfolie entschieden, graben Sie etwa 40 Zentimeter tief.

Neben Ihrer Baustelle ist nun ein hübscher Berg aus Gartenerde entstanden, der später für das Auffüllen der Spirale verwendet werden kann.

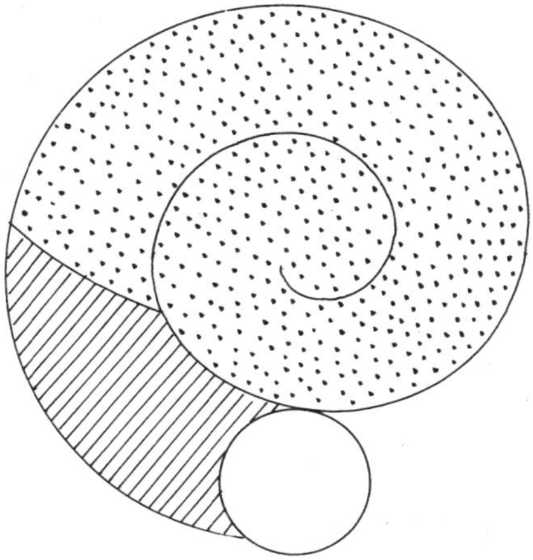

Für die Drainage wird der Boden im gepunkteten Bereich einen Spaten tief ausgehoben und mit Kies oder Schotter gefüllt

Vierter Schritt: Grundsteinlegung

In manchen Kurzanleitungen zum Bau einer Kräuterspirale heißt es, man solle zuerst die Mauer spiralförmig hochziehen und dann den Bauschutt hineinschaufeln. Aus verschiedenen Gründen ist diese Vorgehensweise jedoch nicht empfehlenswert: Erstens ist das stützungsfreie Hochziehen der Mauer im Innern der Spirale nur bei wirklich sehr großen Grundrissen machbar, da die stark gekrümmte und an dieser Stelle gleichzeitig höchste innere Mauer leicht instabil wird. Zweitens verschwinden auf diese Weise viel mehr Steine als nötig auf Nimmerwiedersehen im Innern der Spirale: Sie werden später ohnehin von der ansteigenden Pflanzfläche verdeckt, und die Steine sind oft das Teuerste an einer Kräuterspirale. Drittens schließlich ist das Einschaufeln des Bauschutts viel mühsamer, als gleich am Anfang mit der Schubkarre in den Kreis hineinzufahren.

Folgen Sie deshalb dem Rat, die innere Mauer im sichtbaren Bereich auf den Bauschutt aufzusetzen. Sie können dazu größere Teile aus dem Bauschutt so übereinander verkeilen, dass eine sichere Abstützung entsteht. Auf diese Weise können Sie Steine und Schweißtropfen sparen.

Beginnen Sie also damit, den Bauschutt mit Hilfe einer Schubkarre in der Mitte der Spirale so abzukippen, dass ein spitzer Kegel entsteht. An der

Als Erstes wird der Bauschutt kegelförmig im Innern der Spirale abgekippt

Dann legen Sie vom Teich ausgehend die erste Lage Steine aus

Die innere Mauer wird im sichtbaren Bereich auf den Bauschutt aufgesetzt

höchsten Stelle sollte dieser Kegel 60 – 70 Zentimeter hoch sein. Dann legen Sie vom Teich ausgehend die erste Lage Steine in Spiralform aus. Wählen Sie dafür aus ihrem Sortiment die größten Steine aus, damit Sie später für den oberen Teil die kleineren Steine verwenden können. Das ist nicht nur aus Gründen der Stabilität sinnvoll; es würden sonst im inneren, stark gekrümmten Teil der Mauer viel zu große Ritzen entstehen.

Fünfter Schritt: Stein auf Stein

Ausgehend von der ersten Lage mit Steinen wird nun immer weiter gemauert – allerdings ganz ohne Mörtel und Speis, denn was wir bauen wollen, ist eine Trockenmauer, also eine Mauer aus lose aufeinandergeschichteten Steinen ganz ohne dichtende Verbindung. Eine solche Mauer mit ihren

Misch-Schema für die Befüllung der Kräuterspirale

① = ⅔ Sand, etwas Erde und Kompost
② = ½ Sand, ¼ Erde, ¼ Kompost
③ = ⅓ Sand, ⅓ Erde, ⅓ Kompost
④ = ½ Erde, ½ Kompost
⑤ = ¾ Erde, ¼ Kompost
⑥ = Gartenerde
⑦ = Wasser

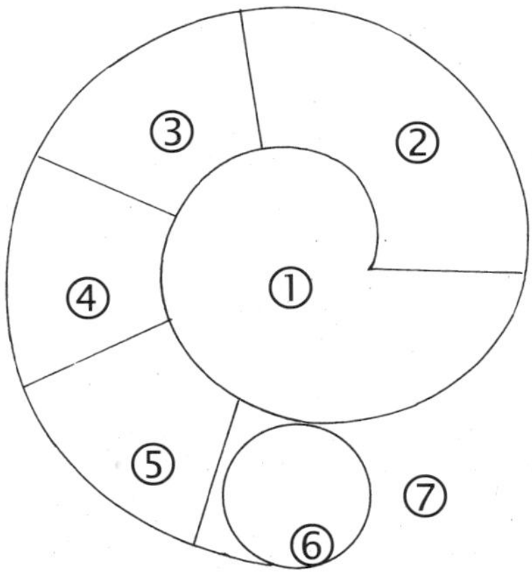

vielgestaltigen Ritzen und Hohlräumen bildet in sich ein wertvolles Biotop, das typischen Mauerpflanzen wie Hauswurz oder Steinbrech und Tieren wie Springspinnen, Feldsandläufern oder Eidechsen Unterschlupf bietet.

Aus Gründen der Stabilität sollten Sie die Mauer leicht nach innen geneigt aufschichten. Dann geraten später spielende Kinder auch nicht durch kipplige Steine in Gefahr. Um eine stabile Trockenmauer zu erhalten, müssen Sie auch unbedingt darauf achten, Kreuzfugen zu vermeiden. Die Randkanten der Mauersteine müssen also immer versetzt sein und dürfen nie übereinander stehen (siehe Abbildung).

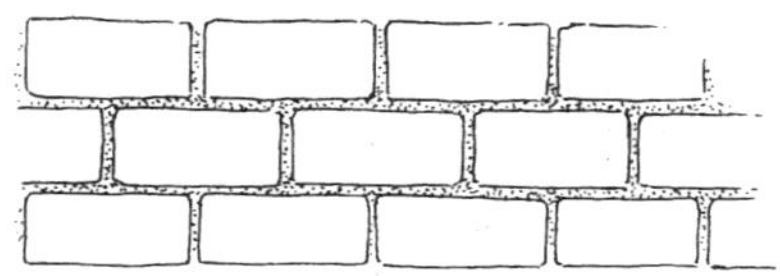

So liegen die Steine richtig

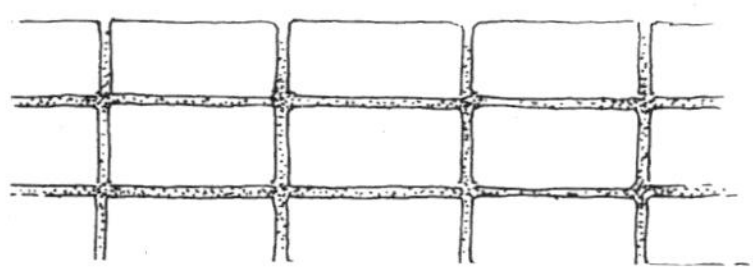

Kreuzfugen bitte unbedingt vermeiden

Abgeflachte Steine mit parallelen Flächen machen das Mauern vor allem für Anfänger am einfachsten. Bei unbehauenen Natursteinen eine gute Stabilität hinzubekommen, ist eine wahre Kunst. Auf keinen Fall sollten Sie versuchen, wacklige Stellen mit Erde auszugleichen, da diese leicht weggewaschen werden kann. Versuchen Sie lieber, große Steine im Bedarfsfall von hinten so mit kleinen Steinen zu verkeilen, dass Sie eine optimale Standfestigkeit der Mauer erzielen. Schließlich soll Ihre Kräuterspirale viele Jahre halten.

Wenn beim Mauern Hohlräume entstehen, die die Stabilität nicht beeinträchtigen, können Sie auch schon während des Baus Mauerpflanzen einsetzen. Wegen der besseren Zugänglichkeit der Hohlräume ist dies manchmal einfacher als das nachträgliche Bepflanzen von Mauerritzen, und es wird eine bessere Durchwurzelung erreicht.

Achten Sie auch jetzt noch einmal darauf, dass zwischen den Mauern ein Zwischenraum von mindestens 60 Zentimetern bleiben sollte.

Alle zwei bis drei Reihen sollten Sie die Spirale von innen her auffüllen, damit die innere Mauerkrümmung nachgearbeitet werden kann. Nur bei sehr regelmäßigen Steinen, die trotz Neigung eine stabile Mauer ergeben, können Sie die Mauer erst ganz fertigstellen und dann mit dem Auffüllen beginnen.

Mauern Sie innen nur im sichtbaren Bereich und setzen Sie die oberen Steine peu à peu so auf den Bauschutt auf, dass sie stabil zu stehen kommen. Dazu können Sie jeweils ein paar größere Schuttbrocken zur Hilfe nehmen und entsprechend verkeilen.

Mit dem Auffüllen sollten Sie immer oben mit dem Sand beginnen, dann können Sie langsam die Spirale abwärts wandern und mehr und mehr Kompost und nährstoffreiche Erde beimischen. In der Zeichnung (S. 41) sehen Sie, welche Bodensorten in welchen Mischverhältnissen eingefüllt werden sollten, um unterschiedliche Standortbedingungen zu erhalten.

Ganz oben, in der mediterranen Zone, kommt überwiegend Sand mit etwas Erde und Kompost zum Einsatz. Der Anteil von Erde und Kompost steigert sich allmählich, bis der Boden in der Normalzone nur noch aus diesen

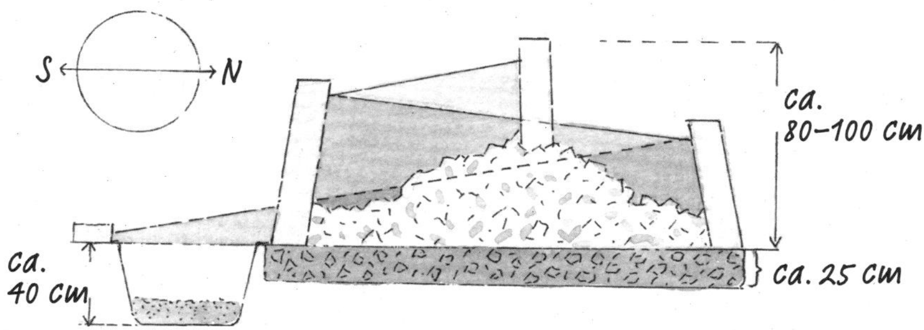

Querschnitt durch die Kräuterspirale

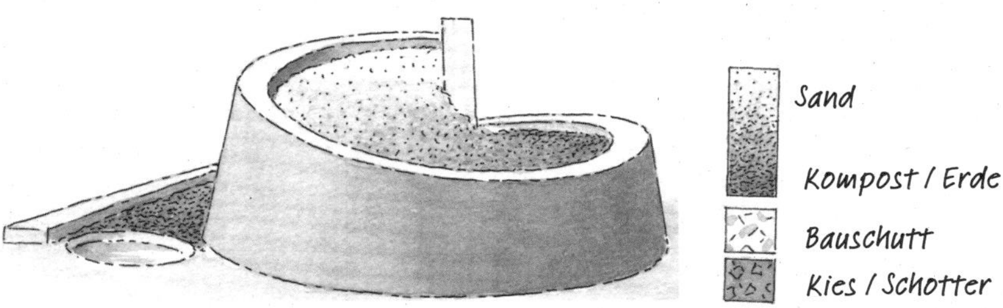

beiden Komponenten besteht. In der Feuchtzone brauchen wir dann nur noch auf Gartenerde aus unserem Teich- und Drainageaushub zurückzugreifen.

An der Querschnittzeichnung (S. 44) können Sie sehen, wie die Füllung im Innern der Spirale aussehen sollte. Dabei kommt es nicht auf ein paar Zentimeter an. Wichtig sind die unterschiedlich hohe Ausfütterung mit Bauschutt und die nach unten hin zunehmend bessere Nährstoffversorgung. An der fertig befüllten, aber noch nicht bepflanzen Kräuterspirale lässt sich dies gut daran erkennen, dass die Erde von hellem Sand ganz oben bis zum Loch für den Teich immer dunkler wird.

Nun können Sie sich schon einmal ganz zufrieden auf Ihrer Gartenbank zurücklehnen und Ihr Werk betrachten. Mit dem Bepflanzen sollten Sie sich ohnehin noch ein wenig Zeit lassen. Die Hohlräume im Schutt schließen sich erst nach ein paar Regengüssen, die Füllung muss sacken und später noch einmal um ein paar Schaufeln Sand, Kompost und Gartenerde ergänzt werden.

Bleibt also genug Zeit, um sich getrost erst einmal dem Teich zuzuwenden.

Sechster Schritt: den Teich anlegen

Zu einer vollständigen Kräuterspirale gehört der kleine Teich. Er setzt die dreidimensionale Spiralenform in den Boden hinein fort, lässt sie gleichsam in der Erde verschwinden.

Als kühles Feuchtbiotop bildet der Teich den ausgleichenden Gegenpol zu der trockenen, heißen Spitze der Spirale. Die Wasserfläche des Teichs wirkt positiv auf das Kleinklima. Sie speichert und reflektiert die Wärme, wirkt bei starker Sonne durch Verdunstung und bei Nachtfrösten temperaturmildernd. Außerdem bereichert der Teich das Kräuterangebot der Spirale um alle Pflanzen, die gern feuchte oder gar nasse Füße haben. Und der Aushub für den Teich leistet beim Auffüllen der Spirale gute Dienste.

Wenn Platzmangel oder andere Gründe gegen einen Teich sprechen, sollte Ihr Kräuterspiralenprojekt daran aber nicht scheitern. Auch ohne Teich hat eine Kräuterspirale ihren besonderen Reiz.

Ein triftiges Argument gegen einen Teich sind Kleinkinder im Haus oder in der unmittelbaren Nachbarschaft. Kleine Kinder können, wenn sie unglücklich hineinfallen, selbst in einem winzigen Teich ertrinken. Manchmal wird geraten, unter der Wasseroberfläche Holz- oder Metallgitter einzubauen, um die Gefahr zu mindern. Ob Sie sich im Ernstfall auf solche Konstruktionen verlassen wollen, müssen Sie selbst entscheiden. Ich würde Ihnen raten, es vorerst lieber bei einer Spirale ohne Wasser zu belassen. Wenn Ihre Kinder größer sind, können Sie Ihre Kräuterspirale immer noch um einen Teich ergänzen.

Aus dem gleichen Grund sollte man bei einer Kräuterspirale auf dem Außengelände eines Kindergartens auf den Teich verzichten. Das Risiko, dass kleine Kindergartenkinder oder jüngere Geschwisterkinder in einem unbeobachteten Moment ins Wasser plumpsen, sollte man gar nicht erst eingehen!

Über die verschiedenen Möglichkeiten, den Teich abzudichten, haben wir bereits in einem früheren Abschnitt gesprochen (»Zweiter Schritt: Material beschaffen«, S. 34). Am einfachsten ist es, wenn Sie einen alten Mörtelkübel, eine Plastikwanne oder ein Stück Teichfolie benutzen. Kübel oder Wanne werden in den Boden eingegraben, für einen Teich mit Folie müssen Sie ein ca. 40 Zentimeter Meter großes Loch graben und dieses mit der Folie auslegen.

Wer kein Plastikmaterial verwenden will, kann versuchen, den Teich mit einer mindestens 20 – 25 Zentimeter dicken Schicht aus fettem Ton abzudichten. Der Ton muss ganz fest gestampft und kann eventuell mit Jutegewebe verstärkt werden.

Ein möglichst flaches Ufer sorgt mit dafür, dass Tiere (z. B. Igel), die nach Wasser suchen, nicht in ein tiefes Loch fallen, aus dem sie nicht wieder herauskommen. Eine Kapillarwirkung durch ein flaches Ufer aus Erde oder

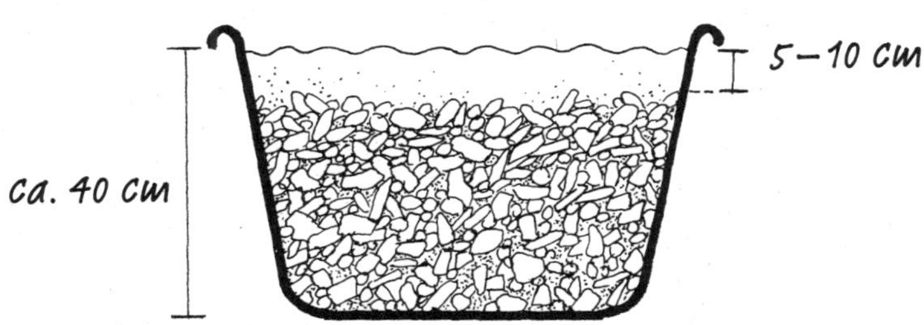

Mit Kies aufgefüllter Teich

Sand sollten Sie allerdings vermeiden, da sie die Feuchtigkeit aus dem Teich zieht und ihn immer wieder trockenlegt. Füllen Sie Ihren kleinen Teich deshalb lieber, wie in der Abbildung (S. 45) zu sehen, bis auf einen oberen Rand von etwa 5 – 10 Zentimetern mit Kies (oder alternativ auch mit horizontal eingeschichteten Steinen).

Eine Umrandung aus Natursteinen sieht schön aus und unterstreicht die Form des Teiches. Verwenden Sie dafür aber möglichst keine kalkhaltigen Steine, denn diese fördern den fadenartigen Algenbewuchs. Und denken Sie daran, den Teich in Trockenzeiten regelmäßig nachzufüllen.

Siebter Schritt: Bepflanzen

Hat sich die Erde in der Kräuterspirale nach einigen Regengüssen gesetzt und haben Sie noch einmal eine Schicht Sand, Kompost und Gartenerde nachgefüllt, können Sie mit dem Bepflanzen Ihrer Spirale beginnen.

Die günstigste Pflanzzeit für mehrjährige Kräuter ist das zeitige Frühjahr, aber auch im Herbst können winterharte Kräuter gut ausgesetzt werden. Wenn Sie kosmische Kräfte nutzen wollen, können Sie sich nach den speziell berechneten Pflanz- oder Aussaattagen für Blüten-, Blätter- oder Wurzelpflanzen richten. Die Erfahrung lehrt, dass an diesen Tagen gesetzte Pflanzen tatsächlich besser anwachsen und später auch besser gedeihen, wenn sie an den entsprechenden Tagen gepflanzt oder gesät werden. Ausgefuchste Kräutergärtner schwören außerdem auf die Regel, Kräuter stets bei zunehmendem Mond zu säen oder zu pflanzen.

Stellen Sie die Kräuter, für die Sie sich entschieden haben, zunächst noch mit den Töpfen auf ihre vorgesehenen Plätze auf der Spirale. So können Sie die einzelnen Standorte und die Abstände noch einmal überprüfen. Graben Sie dann jeweils mit einer kleinen Schaufel ein Loch, betten Sie den Wurzelballen hinein und füllen Sie das Loch wieder auf. Drücken Sie dann die Erde vorsichtig mit den Händen fest. Die Pflanzen sollten nicht tiefer im Boden stehen als vorher in ihrem Topf. Zum Schluss gießen Sie vorsichtig mit reichlich Wasser an und sorgen auch in den nächsten Tagen für eine ausreichende Bewässerung.

Kräuterpflanzen bekommen Sie in Gärtnereien und auf Wochenmärkten. Manche Gärtnereien haben sich auf Kräuter spezialisiert, bieten eine besonders große Auswahl an und beraten Sie sicher gern, welche Pflanzen für Ihren jeweiligen Standort am besten geeignet sind. Bei Spezialfirmen mit Riesenauswahl können Sie Kräuterpflanzen auch per Katalog oder übers Internet bestellen. Manche bieten sogar spezielle Sortimente für die Kräuterspirale an (Adressen auf Seite 151).

Nun müssen Sie sich nur noch entscheiden, welche Kräuter Sie pflanzen wollen. Dabei brauchen Sie sich nicht an irgendwelche starren Vorgaben zu halten, sondern können ganz Ihren eigenen Vorlieben folgen. Überlegen Sie, welche Kräuter Sie am liebsten mögen und ob Sie sie eher zum Kochen benutzen, zu Heiltees verarbeiten oder sich in erster Linie an ihrem schönen Anblick erfreuen möchten. Sie können Ihre Lieblingskräuter bunt durcheinander mischen oder Ihre Kräuterspirale unter ein bestimmtes Thema stellen.

Auf einer »Heilspirale« z. B. könnten dekorative Pflanzen wie Königskerze, Kamille, Ringelblume, Schafgarbe, Frauenmantel, Heiligenkraut, Lavendel, Tripmadam, Nelkenwurz, Mädesüß, Mariendistel und Ysop wachsen. Eine »Blütenspirale« könnten Kamille, Lavendel, Salbei, Schnittlauch, Thymian, Johanniskraut, Dill, Oregano, Ysop, Veilchen und nicht rankende Kapuzinerkresse schmücken. Und auf einer »Duftspirale« könnten Rosmarin, Thymian, Lavendel, Kamille, Muskatellersalbei, Waldmeister, Angelika, Mädesüß, Nachtkerze, Minze und Currykraut ihre ätherischen Öle verströmen.

Wenn Sie in die Ritzen der Trockenmauer zusätzlich typische Mauerpflanzen wie Mauerpfeffer, Steinröschen, Dachwurz oder Tripmadam stecken, sieht Ihre Spirale noch attraktiver aus.

Am wenigsten Arbeit macht die Spirale, wenn Sie nur mehrjährige Kräuter verwenden. Sie brauchen dann die Kräuter bloß regelmäßig zurückzuschneiden und müssen sie nicht ständig umpflanzen, um die richtige Fruchtfolge einzuhalten.

Natürlich können Sie das Repertoire an ausdauernden Pflanzen aber auch durch einjährige Kräuter ergänzen. Fertigen Sie in dem Fall eine kleine Skizze an, die es Ihnen erleichtert, eine gewisse Fruchtfolge, also den ständigen Wechsel verschiedener Arten auf einem Standort, einzuplanen. Außerdem gilt es darauf zu achten, dass manche einjährigen Kräuter wie Kerbel und Kümmel einander als Nachbarn nicht vertragen.

Im nächsten Kapitel (»Kräuter säen, pflanzen, pflegen, ernten, aufbewahren«) finden Sie eine umfangreiche Tabelle ein- und mehrjähriger Kräuter mit Hinweisen zum empfohlenen Standort auf der Kräuterspirale. Mit Hilfe dieser Tabelle können Sie Ihre ganz persönliche Auswahl zusammenstellen.

Bei der Anzahl sollten Sie sich allerdings beschränken. Eine frisch bepflanzte Kräuterspirale mag in den ersten Wochen noch ein wenig nackt aussehen, aber das ändert sich rasch. Wenn die Kräuter beginnen sich auszubreiten, kann es schnell zur qualvollen Enge kommen, was nicht nur die Entwicklung der einzelnen Kräuter beeinträchtigen, sondern auch zu Pilzerkrankungen führen kann, da zu dicht stehende Kräuter nach starkem Tau oder Regen nur langsam abtrocknen können und dadurch anfälliger werden. Auf einer Spirale mit 2,80 – 3 Meter Durchmesser haben auf Dauer etwa 15 Kräuter Platz.

Entscheiden Sie sich nach Möglichkeit für kleinwüchsige Sorten, damit die Spirale nicht gleich überwuchert und Sie die Pflanzen nicht ständig zurückschneiden müssen. Achten Sie beim Pflanzen auch darauf, dass klein- bzw. schwachwüchsige Kräuter wie Petersilie, Majoran, Portulak oder Thymian vorne zu stehen kommen und groß- bzw. starkwüchsige Pflanzen wie Estragon oder Beifuß nach hinten rücken, damit sie die kleineren nicht unterdrücken. Zur Orientierung sind in der Tabelle daher auch die ungefähren Wuchshöhen der einzelnen Kräuter angegeben.

Besonders raumgreifende Riesen wie Liebstöckl sollten lieber neben der Spirale stehen, wo sie sich ohne Schaden für ihre Nachbarn ungeniert ausbreiten können. Ähnliches gilt für großwüchsige Kräuter mit langen Wurzeln wie Beinwell oder Meerrettich. Wegen seiner Wurzelausscheidungen und seines starken Eigengeruchs stellt auch der Wermut eine echte Zumutung für seine Nachbarn dar. Pflanzen Sie ihn deshalb lieber abseits oder zwischen die Johannisbeeren, mit denen er sich besser verträgt.

Vorsicht auch bei stark samenden Pflanzen wie Borretsch oder Ringelblume. Mit ihren herrlichen Blüten sind beide ein attraktiver Gewinn für jede Kräuterspirale; falls Sie sich für sie entscheiden, müssen Sie die Nachkommenschaft im folgenden Frühjahr jedoch rigoros reduzieren.

Das einjährige Basilikum, Liebling vieler Kräuterfans, aber leider auch der Schnecken, ist für die Kräuterspirale im Garten eher nicht geeignet – es sei denn, Sie können eine schneckenfreie Zone garantieren. In einem Tontopf auf Balkon oder Terrasse ist Basilikum meist besser aufgehoben.

In der Zeichnung auf Seite 79 sehen Sie eine typisch bepflanzte Spirale, wie sie auch in meinem Garten steht. Im letzten Kapitel (»Von Rosmarin bis Brunnenkresse – 15 Kräuterporträts und viele Kräuterrezepte«) finden Sie ausführliche Porträts aller dort eingezeichneten Kräuterpflanzen.

Kleines Extra für den Naturschutz: Nisthilfen

Durch den gezielten Einbau von Nisthilfen haben Sie die Möglichkeit, beim Bau der Kräuterspirale zusätzlichen artgerechten Lebensraum nicht nur für Pflanzen, sondern auch für Tiere zu schaffen, die durch unseren enormen Landschaftsverbrauch immer mehr zurückgedrängt werden. Gleichzeitig fördern Sie damit das ökologische Gleichgewicht in Ihrem Garten, und auch für die Bestäubung der Blüten wird gesorgt. Schließlich wird die Möglichkeit zur Naturbeobachtung und damit der »Erlebniswert« der Kräuterspirale für Kinder und Erwachsene enorm gesteigert.

Nisthilfen, die sich direkt in die Spirale einbauen lassen:

- Insektennistkasten
- Nischenbrüterhöhle
- Kleinsäugerstein
- Igelhöhle

Nisthilfen, die man in unmittelbarer Nähe der Spirale aufstellen kann:

- Schlafröhre für Ohrwürmer
- Hummelnistkasten
- Ameisen-Beobachtungs-Stein
- Spinnenrahmen
- Vogel- und Insektentränke

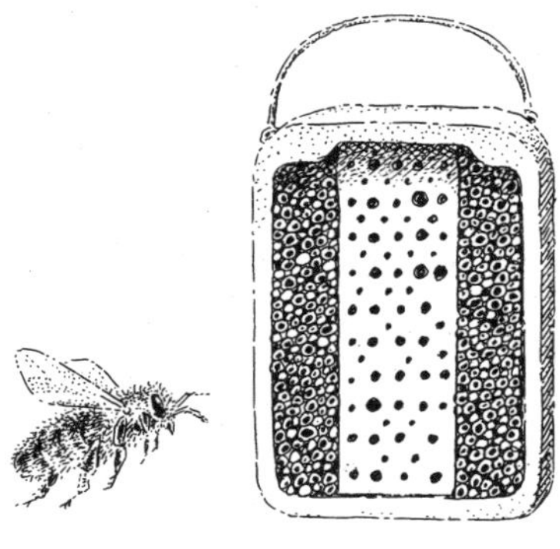

Ob Sie sich für alle diese Möglichkeiten oder nur für eine kleinere Auswahl entscheiden, ist ganz Ihnen überlassen und kommt auf Ihre persönlichen Vorlieben und Interessen an.

Die Nisthilfen im Einzelnen

Ob und wie schnell die Nisthilfen besiedelt werden, hängt natürlich von mehreren Faktoren ab, vor allem von der Witterung, dem Nahrungsangebot und der jeweiligen Umgebung des Standorts Ihrer Spirale. Geduld, Gelassenheit und eine ordentliche Portion Beobachtungsgabe sind – wie immer im Umgang mit der Natur – besonders gefragt.

Der Insektennistkasten

Nisthilfen für Insekten werden in höchst unterschiedlichen Ausführungen angeboten. Für die Kräuterspirale geeignet ist z. B. ein Block aus Hartholz mit Nistgängen mit verschiedenen Durchmessern für Wildbienen, die sich keine eigenen Gänge bohren, sondern sich in bereits bestehenden, meist von Käfern hinterlassenen Bohrgängen niederlassen. Als Bestäuber und für das ökologische Gleichgewicht im Garten sind sie besonders wertvoll. Gegenüber Menschen und Haustieren sind die Wildbienen friedliebend und völlig ungefährlich. Außerdem ist ihr Stachel zu klein, um die menschliche Haut zu verletzen.

Spannende Einblicke erlauben Beobachtungskästen, deren Nistgänge mit einer Kunstglasplatte abgedeckt sind und deren Holzvorderwand problemlos herausgenommen werden kann. So wird das sonst verborgene Leben dieser Insektenarten mit Eiablage und Larvenentwicklung direkt erlebbar. Da die Tiere wärmeliebend sind, sollte die Nisthilfe in jedem Fall in die Südseite der Kräuterspirale integriert werden. Bauen Sie den Insektennistkasten aber auf jeden Fall so ein, dass Sie die Vorderwand zur Beobachtung problemlos öffnen können.

Die Nischenbrüterhöhle

Nischen- und Halbhöhlenbrüter wie Haus- und Gartenrotschwanz, Bachstelze, Grauschnäpper, Rotkehlchen und Zaunkönig sind durch Elstern, Eichelhäher, Katzen und Marder besonders stark gefährdet. Spezielle Nischenbrüterhöhlen mit eingebautem Raubtierschutz bilden deshalb eine begehrte Unterkunft. Hat die Höhle zwei Einfluglöcher und dadurch einen hohen Lichteinfall, wird sie besonders gerne angenommen. Halbhöhlenbrütern ist der Einbau in südlicher Richtung besonders angenehm, Höhlenbrüter akzeptieren aber auch andere Richtungen. Durch den integrierten Raubtierschutz kann die Höhle auch im unteren Mauerbereich eingebaut werden.

Der Kleinsäugerstein

Im Kleinsäugerstein hofft man Spitzmäuse anzusiedeln, die als willkommene Bewohner im Naturgarten wirksame Regulation betreiben, denn die kleinen Räuber vertilgen täglich ihr eigenes Gewicht an Insekten. Trotz ihrer Ähnlichkeit mit Mäusen sind sie mit dem Igel oder Maulwurf viel näher verwandt und stehen auf der Liste der gefährdeten Arten. An ihrem weichen, kurzen Fell und der rüsselförmigen Schnauze sind sie auch recht einfach zu erkennen. Sie fiepen sehr laut und haben stark duftende Moschusdrüsen, die wohl dafür verantwortlich sind, dass Katzen sie zwar fangen, aber nicht fressen. Nur Störche oder Kreuzottern scheinen sich an dem strengen Geruch nicht zu stören und gehören deshalb ebenfalls zu den natürlichen Feinden der Spitzmäuse.

Bauen Sie die viereckige Spitzmausbehausung mit kleinem Einschlupfloch in die unterste Steinreihe ein. Eine Ausrichtung nach einer bestimmten Himmelsrichtung ist nicht nötig.

Die Igelhöhle

Auch der Igel ist im naturnahen Garten ein gern gesehener Gast. In der Natur baut er sich seinen Nistplatz in hohlen Baumstümpfen, unter Laubhaufen,

Am Fuß der Spirale integrierter Kleinsäugerstein

unter Holzstößen oder in dichtem Gebüsch. All dies gibt es auf unseren aufgeräumten Grundstücken nicht mehr allzu oft, sodass eine Igelhöhle aus Holzbeton, mit etwas Nistmaterial wie trockenem Laub, Stroh, Hobelspänen oder auch Zeitungsschnipseln ausgestattet, meist dankbar angenommen wird.

Ein Igel im Garten ist außerdem eine Sensation für Groß und Klein. Da er mit seiner Familie das ganze Jahr über, einschließlich der Überwinterung, in der Höhle wohnen kann, ergeben sich reichlich Gelegenheiten zur Beobachtung der possierlichen Säugetiere. Ob Sie die Höhle am Fuß der Kräuterspirale einbauen oder an anderer Stelle in Ihrem Garten platzieren – wichtig ist, dass sie an der wind- und wetterabgewandten Seite zu stehen kommt. Außerdem sollte der Zugang möglichst nicht über Rasenflächen führen, denn einen grasbewachsenen Weg zur Höhle, der nachts oft nasskalt wird, mögen Igel nicht so gern. Schließlich sollte die Höhle unbedingt einen Isolierboden besitzen, damit sie wirklich zu jeder Jahreszeit bewohnt werden kann.

Die Schlafröhre für Ohrwürmer

Ohrwürmer fressen am liebsten Blattläuse, Spinnmilben, Larven und Eier von Insekten sowie Kleintiere, die wir Menschen als »Schädlinge« bezeichnen. Bei der Bekämpfung von Blattläusen im Garten leisten sie wertvolle Dienste.

Ohrwürmer sind nachtaktiv. Tagsüber verkriechen sie sich von Mai bis in den Spätherbst hinein zu Hunderten in der etwa sechs Zentimeter dicken und zehn Zentimeter hohen Schlafröhre aus Holzbeton, die nicht gereinigt oder sonstwie gewartet werden muss und ganzjährig im Freien bleiben kann.

Stecken Sie einfach einen abgebrochenen Ast oder einen kleinen Stock in die Erde auf einer beschatteten Stelle (also am besten auf der Nordseite) der Kräuterspirale und stülpen Sie die Schlafröhre so darüber, dass sie etwa drei bis fünf Zentimeter Abstand zur Erde hat. Weitere Schlafröhren können Sie in Büschen und Bäumen in der Nähe Ihrer Kräuterspirale verteilen.

Der Hummelnistkasten

Hummeln sind in ihrer Existenz bedroht. Fast alle in Mitteleuropa vorkommenden Hummelarten gelten als mehr oder weniger stark gefährdet, einige sind regional bereits verschwunden. Dabei sind Hummeln für die Bestäubung im Obst- und Gemüsebau und für das ökologische Gleichgewicht äußerst wichtig. So fliegen die kurzrüsseligen Hummelarten auch bei niedrigen Temperaturen zum Bestäuben aus. Und durch das Anbeißen der nektarhaltigen Kronröhre bahnen sie den Honig- und Wildbienen bei manchen Blüten im zeitigen Frühjahr überhaupt erst den Weg zum Nektar. Mit ihrem lauten Gebrumm sind die gemütlichen, dicken Hummeln außerdem sehr possierliche Gartengäste, die zu beobachten einfach Spaß macht. Wer ihr Überleben durch das Aufstellen eines speziellen Nistkastens aus langlebigem Holzbeton unterstützt, hat die zusätzliche Möglichkeit, die verschiedenen Entwicklungsphasen des Hummelvolks ganz genau beobachten zu können, da sich der Deckel jederzeit öffnen lässt.

Den Hummelkasten können Sie in der Nähe der Kräuterspirale, z. B. halb unter einem Strauch versteckt, auf den Boden stellen, wobei die jeweilige Himmelsrichtung keine große Rolle spielt. Mit dem Kasten werden Polsterwolle und Einstreu ausgeliefert. (Eine sehr ausführliche Gebrauchsanleitung liegt bei.) Im Winter muss das alte Innenmaterial herausgenommen und erneuert werden. Während das gesamte aus Männchen und Arbeiterinnen bestehende Hummelvolk im Herbst abstirbt, überwintern nur die Jungköniginnen, allerdings außerhalb des Nistkastens. Wie man die suchende Königin im Frühjahr findet und in den Kasten zur Besiedlung einsetzt, wird in der Gebrauchsanleitung ebenfalls ausführlich beschrieben.

Der Ameisen-Beobachtungs-Stein

Was sich in unserem Garten im Innern der Erde abspielt, ist faszinierend, unseren neugierigen Blicken aber in der Regel entzogen. Willkommene Einsichten schafft hier ein Beobachtungsstein, der aufgrund seiner Wärme speichernden Eigenschaft die Ansiedlung von Kleinlebewesen fördert. Ameisen, Asseln, Steinläufer, Laufkäfer, Spinnen, Ohr- und Regenwürmer,

Tausendfüßer, Käferlarven und viele andere mehr finden unter dem Stein einen warmen und geschützten Unterschlupf. Ja, man hat unter solchen Steinen schon bis zu siebzig Tierarten gezählt. Und sogar Eidechsen finden sich auf der warmen Unterlage gern zum Sonnen ein. Der trittfeste, gelbliche Stein aus Holz-Sandbeton ist auf einem rutschsicheren Metallrahmen mit integrierter Acrylplatte angebracht. Er kann zu Beobachtungszwecken bedenkenlos vorübergehend aufgenommen werden und gibt dann den Blick auf das Leben unter dem Boden frei, ohne dass z. B. die Brut oder das Gangsystem der Ameisen beschädigt oder gar zerstört wird. Wichtig ist nur, dass der Stein anschließend sorgfältig wieder aufgelegt wird.

Platzieren Sie den Beobachtungsstein ruhig in unmittelbarer Nähe Ihrer Kräuterspirale auf dem flachen Gartenboden. Je nachdem, ob Sie ihn z. B. auf Erde, Sand oder Kies legen, kommt es zu einer unterschiedlichen Besiedlung. Diesen Effekt können Sie sich zunutze machen und mit denkbar geringem Aufwand eine regelrechte Versuchsreihe mit verschiedenen Untergründen starten.

Der Blick unter den Beobachtungsstein gehört so bald zu jedem Gartenbesuch dazu und macht vor allem Kindern immer wieder Freude.

Der Spinnenrahmen

Der »Ekel« vor Spinnen weicht oft großer Hochachtung, wenn man ihre kunstvollen Netze bewundert. In der Abendsonne oder morgens, von Tautropfen benetzt, erstrahlen sie in eindrucksvoller Schönheit. Besonders zur Geltung bringen Sie das Netz Ihrer persönlichen Gartenspinne, wenn Sie ihr einen Spinnenrahmen zur Besiedlung anbieten. Vor allem von Radnetzspinnen wird ein solcher Rahmen, den man auch sehr gut selbst herstellen kann, ausgesprochen gern angenommen.

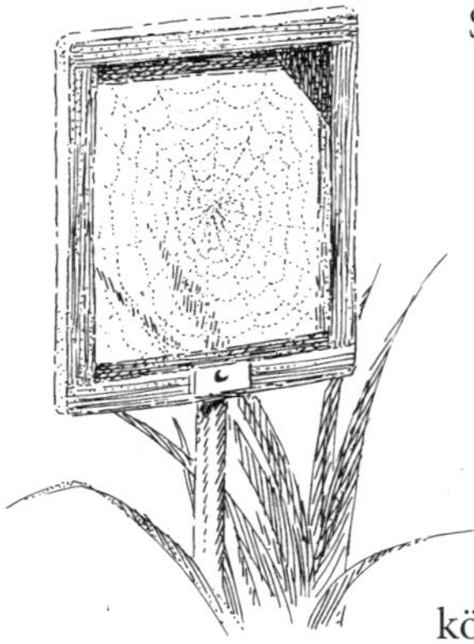

Spinnenrahmen

Ein fertig gelieferter Spinnenrahmen besteht aus gebeiztem Holz und wird mit einem verzinkten Stahlhering in die Erde gesteckt. Sie können mehrere Standorte auf Ihrer Kräuterspirale ausprobieren, den Spinnenrahmen zur besseren Beobachtung auch später noch versetzen oder zur Demonstration kurzfristig auch in einer Gruppe herumreichen.

Außer dem Rahmen zur optimalen Anheftung des Netzes bietet diese Nisthilfe der Spinne in einer Ecke auch ein bequemes Quartier, wo sie vor Wind und Wetter sowie vor ihren natürlichen Feinden gut geschützt ist und in Ruhe auf ihre Beute warten kann. Der sogenannte Signalfaden, der ihr über entsprechende Erschütterungen meldet, dass ihr ein Tier ins Netz gegangen ist, wird von der Spinne so angelegt, dass er direkt in dieses Quartier führt. Führen Sie selbst eine kleine Erschütterung herbei (ohne freilich das Netz zu verletzen), und Ihre Spinne wird sich zeigen und nach dem Rechten sehen!

Die Vogel- und Insektentränke

Falls Sie sich gegen eine Feuchtzone am Fuße Ihrer Kräuterspirale entscheiden, ist eine Vogel- und Insektentränke eine gute Wahl. Vögel und Insekten brauchen Wasser für ihren Stoffwechsel und zum Baden. Eine eigens dafür konzipierte Tränke bietet für beide Tiergruppen reichlich Platz zum Ruhen und zum Trinken.

Kräuter säen, pflanzen, pflegen, ernten, aufbewahren

Am wenigsten Arbeit haben Sie, wie gesagt, mit Ihrer Kräuterspirale, wenn Sie sie mit mehrjährigen Kräutern bepflanzen. Mehrjährige Kräuter überwintern und treiben in jedem Frühling von Neuem aus. Auf der Kräuterspirale braucht man sie dann nur noch regelmäßig sauber zu halten und zurückzuschneiden.

Als mehrjährige Spiralenbewohner eignen sich z. B. Baldrian, Beifuß, Bergbohnenkraut, Brunnenkresse, Currykraut, Eberraute, Estragon, Gewürzfenchel, Johanniskraut, Lavendel, Pfefferminze, Pimpinelle, Rosmarin, ausdauernder Rucola, Safran, Salbei, Sauerampfer, Schnittlauch, Thymian, Tripmadam, Waldmeister, Weinraute, Ysop und Zitronenmelisse.

Ein-, zwei- oder mehrjährige Kräuter können natürlich auch gemischt angebaut werden. Vielfalt und Variationsmöglichkeiten werden dadurch größer. Einjährige Kräuter werden im Frühjahr ausgesät, sie entwickeln sich rasch und setzen schon bald Blüten an. Sobald die Samenstände gebildet sind, haben sie ihren Höhepunkt überschritten. Nach dem ersten starken Frost sterben sie ab und müssen daher jedes Jahr neu gezogen werden.

Ein- oder zweijährige Spiralenlieblinge sind z. B. Angelika, Anis, Bohnenkraut, Borretsch, Dill, Kamille, Kapuzinerkresse, Kerbel, Knoblauch, Koriander, Kresse, Kreuzkümmel, Kümmel, Majoran, Petersilie, Portulak, Ringelblume, einjähriger Rucola und Senf.

Von manchen Kräutern gibt es verschiedene Arten und Sorten, z. B. von Salbei, Petersilie, Bohnenkraut, Zitronenmelisse, Kümmel oder Thymian, z. B. Zitronenthymian, Orangenthymian usw.

Beim Anbau einjähriger Kräuter gilt es allerdings, eine gewisse Fruchtfolge einzuhalten, denn nicht alle einjährigen Kräuter sind gute Nachbarn, z. B. Kerbel und Kümmel oder Pfefferminze und Kamille, die sich überhaupt nicht vertragen.

In der folgenden Tabelle sind die wichtigsten Kräuter mit ihren botanischen Namen, ihren Wuchshöhen und ihren jeweiligen Standortansprüchen aufgeführt. Es finden sich Hinweise zum Säen, Pflanzen und Ernten und es wird ein Standort auf der Spirale empfohlen.

Die Kräuter in den grau unterlegten Kästen werden im nächsten Kapitel in eigenen Kräuterporträts noch ausführlich beschrieben.

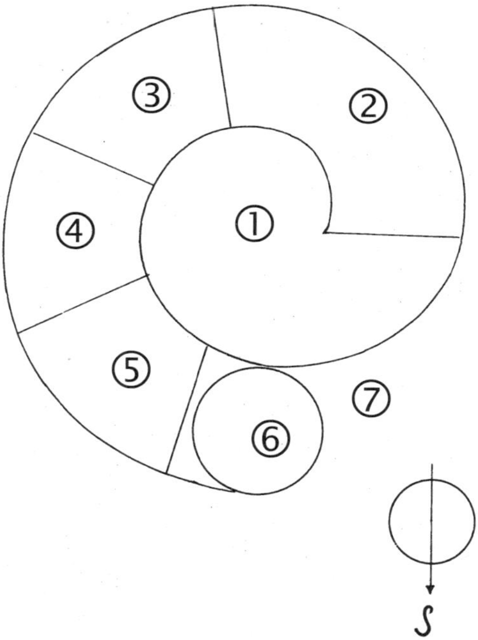

Name *botanischer Name*	**Wuchs-höhe (in cm)**	**Standort-ansprüche**	**Säen, pflanzen, ernten**	**Empfohlener Standort auf der Kräuterspirale**
Anis *Pimpinella anisum* einjährig	50 – 80	sandig, sonnig, trocken, geschützt, kalkhaltig	*säen:* ab Mai *ernten:* Samen ab August	②
Baldrian *Valeriana officinalis* mehrjährig	60 – 100	feucht, schattig	*säen:* im April *ernten:* Wurzeln nach 2 – 3 Jahren im Oktober	⑥

Name *botanischer Name*	**Wuchshöhe (in cm)**	**Standortansprüche**	**Säen, pflanzen, ernten**	**Empfohlener Standort auf der Kräuterspirale**
Basilikum *Ocimum basilicum* einjährig stark durch Schnecken gefährdet	15 – 50	sonnig, geschützt, humos	*säen:* im Februar in Schalen, im Mai ins Freiland verpflanzen *ernten:* Blätter vor der Blüte	für die Kräuterspirale eher nicht empfohlen
Beifuß *Artemisia vulgaris* mehrjährig innerlich angewendet in hoher Dosierung giftig!	100 – 150	sonnig, trocken, kalkhaltig	*säen:* im zeitigen Frühjahr *pflanzen:* Stecklinge im Herbst *ernten:* Juni bis September junge Blätter/ Zweigspitzen	① (②) wegen der Größe eher neben der Spirale
Beinwell *Symphytum officinale* mehrjährig nicht innerlich anwenden!	100	feucht, humos, sonnig bis halbschattig	*säen:* im Frühjahr *pflanzen:* Wurzelteilung im Herbst *ernten:* Blätter, Wurzeln	⑤ wegen der Größe eher neben der Spirale
Bergbohnenkraut *Satureja montana* mehrjährig Nadelbaumzweige als Winterschutz	20 – 30	sonnig, trocken	*pflanzen:* Stecklinge im Frühjahr oder Herbst *ernten:* Blätter vor der Blüte	②
Bohnenkraut *Satureja hortensis* einjährig	20 – 30	sonnig, trocken	*säen:* April Frühbeet, Mai ins Freie *ernten:* Blätter vor der Blüte	②

Name *botanischer Name*	Wuchs-höhe (in cm)	Standort-ansprüche	Säen, pflanzen, ernten	Empfohlener Standort auf der Kräuterspirale
Borretsch *Borago officinalis* einjährig	50 – 100	sonnig bis halbschattig, feucht	*säen:* im zeitigen Frühjahr, samt sich in Folgejahren stark selbst aus *ernten:* zarte Blätter, Blüten	⑥ wegen der Größe eher neben der Spirale
Brunnenkresse *Nasturtium officinale* mehrjährig	20 – 60	(Fließ-) Gewässer	*säen:* Frühjahr in feuchtes, schattiges Beet *pflanzen:* bewurzeln von Stängeln in Wasserschale *ernten:* junge Blätter vor der Blüte	⑦
Currykraut *Helichrysum italicum* mehrjährig	20 – 45	sonnig, trocken, geschützt	*säen:* März/April vorziehen mit viel Licht, ab Mai ins Freiland *ernten:* Blätter, Blüten	① (②)
Dill *Anethum graveolens* einjährig	30 – 100	sonnig, feucht, wind-geschützt	*säen:* mehrere Folgesaaten März bis September *ernten:* Blätter und Samen	④ (⑤)
Eberraute *Artemisia abrotanum* mehrjährig in großen Mengen giftig!	50 – 90	nicht zu feucht, kalkhaltig, humos	*pflanzen:* Stecklinge im Herbst *ernten:* Triebspitzen Frühling bis Herbst	⑤ (⑥)

Name *botanischer Name*	**Wuchshöhe (in cm)**	**Standortansprüche**	**Säen, pflanzen, ernten**	**Empfohlener Standort auf der Kräuterspirale**
Engelwurz *Angelica archangelica* zweijährig	150 – 250	sonnig bis halbschattig, eher feucht	*säen:* im Spätsommer/Herbst *ernten:* Stängel Mai/Juni, Seitentriebe bis August	⑤ wegen der Größe eher neben der Spirale
Estragon *Artemisia dracunculus* mehrjährig	60 – 120	sonnig, geschützt	*pflanzen:* Stecklinge im Frühjahr *ernten:* Blätter vor der Blüte	③ (④)
Fenchel *Foeniculum vulgare* mehrjährig Winterschutz	100 – 200	sonnig, trocken, nährstoffreich	*säen:* ab April *ernten:* Blätter, Samen im zweiten Jahr	②
Johanniskraut *Hypericum perforatum* mehrjährig	40 – 100	trocken, sonnig bis halbschattig	*säen:* unter Glas, ab Mai ins Freie *pflanzen:* Wurzelteilung im Frühjahr, Stecklinge im Sommer *ernten:* junge Blätter/Blüten	③
Kamille *Matricaria chamomilla* einjährig	20 – 50	sonnig, humos	*säen:* im März, *ernten:* frische Blüten im Mai bis Mitte Juni	④ (⑤)
Kapuzinerkresse *Tropaeolum majus* einjährig	30 – 50	anspruchslos	*säen:* im Mai *ernten:* Blüten und Samen	③ am Rand überhängend

Name *botanischer Name*	Wuchs-höhe (in cm)	Standort-ansprüche	Säen, pflanzen, ernten	Empfohlener Standort auf der Kräuterspirale
Kerbel *Anthriscus cerefolium* einjährig	30 – 70	halbschattig, eher feucht	*säen:* mehrere Folgesaaten von März – September *ernten:* Blätter vor der Blüte	⑤ (④)
Knoblauch *Allium sativum* einjährig	30	sonnig, trocken, tiefgründig	*pflanzen:* einzelne Zehen März oder September *ernten:* Knollen	②
Koriander *Coriandrum sativum* einjährig	60	sonnig	*säen:* mehrere Folgesaaten von Mai bis September *ernten:* Blätter vor der Blüte, Samen	② neben der Spirale
Kresse *Lepidium sativum* einjährig	30	halbschattig	*säen:* mehrere Folgesaaten von Mai bis September *ernten:* Blätter	③
Kreuzkümmel *Cuminum cyminum* einjährig	100	sonnig, nahrhafter Boden	*säen:* im Frühsommer *ernten:* Samen, wenn Pflanzen verdorrt sind	⑤ wegen der Größe eher neben der Spirale
Kümmel *Carum carvi* einjährig	100	feucht	*säen:* ab Mai *ernten:* Samen	⑤ wegen der Größe eher neben der Spirale

Name *botanischer Name*	Wuchshöhe (in cm)	Standortansprüche	Säen, pflanzen, ernten	Empfohlener Standort auf der Kräuterspirale
Lavendel *Lavandula angustifolia* mehrjährig	30 – 60	sonnig, trocken, kalkhaltig	*pflanzen:* Mai Stecklinge *ernten:* Blüten Blätter vor der Blüte	① (②)
Liebstöckl *Levisticum officinale* mehrjährig	150 – 250	feucht, sonnig bis halbschattig	*pflanzen:* Stecklinge im Mai *ernten:* junge Blätter jederzeit	⑥ wegen der Größe eher neben der Spirale
Löffelkraut *Cochlearia officinalis* zwei- bis mehrjährig	20 – 30	feucht, salzig	*säen:* im späten Frühjahr *ernten:* Blätter vor der Blüte	⑥
Majoran *Origanum majorana* einjährig	60	sandig, humos	*säen:* Februar unter Glas, Mai ins Freie *ernten:* Blätter vor der Blüte	② (④)
Meerrettich *Armoracia rusticana* mehrjährig	80 – 100	sandig, humos	*pflanzen:* Seitenwurzeln im Frühjahr *ernten:* Wurzeln im Herbst	③ nur neben der Spirale
Oregano *Origanum vulgare* mehrjährig	50 – 70	sonnig bis halbschattig	*säen:* unter Glas ab Mai ins Freie *pflanzen:* Wurzelteilung im Frühjahr *ernten:* Blätter vor der Blüte	③ (②)

Name *botanischer Name*	**Wuchs-höhe (in cm)**	**Standort-ansprüche**	**Säen, pflanzen, ernten**	**Empfohlener Standort auf der Kräuterspirale**
Petersilie *Petroselinum crispum* zweijährig	20 – 30	humos, feucht, halbschattig	*säen:* März Freiland, nicht verpflanzen *ernten:* Blätter vor der Blüte	④ (⑤)
Pfefferminze *Mentha piperita* mehrjährig	30 – 60	feucht, humos, sonnig bis halbschattig	*pflanzen:* Stecklinge im Frühjahr oder Herbst *ernten:* Blätter vor der Blüte	⑥ breitet sich stark aus, deshalb nur im Topf einsetzen
Pimpinelle *Sanguisorba minor* mehrjährig	30 – 60	sonnig bis halbschattig	*pflanzen:* Wurzelteilung Frühjahr oder Herbst *ernten:* zarte Blätter vor der Blüte	④ (⑤)
Portulak *Portulaca oleracea* einjährig	30	sonnig, eher trocken	*säen:* ab März bis September *ernten:* frische Blätter, Stängel vor der Blüte	②
Ringelblume *Calendula officinalis* einjährig	30 – 50	sonnig, eher feucht	*säen:* im Frühjahr, samt sich selbst stark wieder aus *ernten:* Blütenblätter	③ (⑥)
Rosmarin *Rosmarinus officinalis* mehrjährig windempfindlich, frostempfindlich	30 – 180	sonnig, kalkhaltig, geschützt	*pflanzen:* Stecklinge im Frühjahr *ernten:* Blätter vor der Blüte	①

Name *botanischer Name*	Wuchs- höhe (in cm)	Standort- ansprüche	Säen, pflanzen, ernten	Empfohlener Standort auf der Kräuterspirale
Rucola (Rauke) *Eruca sativa* einjährig oder mehrjährig	20 – 50	warm, nährstoff- reich	*säen:* Einjährige im zeitigen Frühjahr *pflanzen:* Mehrjährige durch Wurzelteilung *ernten:* junge Blätter	③
Safran *Crocus sativus* mehrjährig nur sehr geringe Ernte, etwas für Liebhaber	10 – 30	sandig, sonnig	*pflanzen:* Zwiebeln stecken im Herbst *ernten:* Staubfäden bei der Blüte	②
Salbei *Salvia officinalis* mehrjährig	30 – 70	sonnig bis halbschattig, trocken, locker, kalkhaltig	*pflanzen:* Stockteilung im Frühjahr *ernten:* junge Blätter ab Mai, Blüten	①
Sauerampfer *Rumex acetosella/acetosa* mehrjährig	30 – 80	schwerer, feuchter Boden	*säen:* im Frühjahr *ernten:* zarte Blätter	⑤
Senf *Sinapis alba* einjährig mehltauempfindlich	60 – 100	sonnig, sandig	*säen:* im Frühjahr *ernten:* Samen, Blätter	④ (⑤)
Schnittlauch *Allium schoenoprasum* mehrjährig	20 – 30	sandig, feucht, sonnig bis halbschattig	*säen:* im März, Stockteilung *ernten:* Blätter, Blüten	⑥
Thymian *Thymus vulgaris* mehrjährig	10 – 40	sonnig, trocken, mager, kalkhaltig	*pflanzen:* Stecklinge im Frühjahr *ernten:* Blätter vor Blüte	① (②)

Name *botanischer Name*	**Wuchs-höhe (in cm)**	**Standort-ansprüche**	**Säen, pflanzen, ernten**	**Empfohlener Standort auf der Kräuterspirale**
Tripmadam *Sedum reflexum* mehrjährig	20	sonnig	*pflanzen:* Stockteilung im April oder Herbst *ernten:* Blätter vor der Blüte	① zwischen den Steinen
Waldmeister *Asperula odorata* mehrjährig	20 – 30	schattig, feucht	*pflanzen:* Stockteilung im April *ernten:* Blätter vor der Blüte	⑥
Weinraute *Ruta graveolens* mehrjährig	50 – 80	sonnig, trocken	*säen:* ab April *pflanzen:* Stecklinge im Frühjahr *ernten:* Blätter vor der Blüte, Samen	③ (②) wegen der Größe eher neben der Spirale
Wermut *Artemisia absinthium* mehrjährig sehr raumgreifend	100 – 150	trocken, steinig, mager	*pflanzen:* Vermehrung durch Stockteilung *ernten:* Blätter vor der Blüte	für die Kräuterspirale nicht empfohlen
Ysop *Hyssopus officinalis* mehrjährig	30 – 60	sonnig, trocken, kalkhaltig	*pflanzen:* Stecklinge im Frühjahr *ernten:* blühendes Kraut	② (④)
Zitronenmelisse *Melissa officinalis* mehrjährig	60 – 100	sonnig, geschützt	*pflanzen:* Stecklinge im Frühjahr *ernten:* Blätter vor Blüte	⑤ (⑥)

Kräuter aussäen

Die meisten einjährigen Kräuter wie Anis, Borretsch, Kerbel, Koriander, Dill und Bohnenkraut können Sie ab Mitte Mai (also nach den Eisheiligen) ins Freiland aussäen. Lockern Sie die Erde vorher noch einmal sorgfältig auf, sodass sie feinkrümelig und frei von Unkraut ist. Zum Abdecken der Samenkörner in den flachen Saatrillen können Sie Kompost verwenden. Decken Sie sie aber nicht zu tief ab und halten Sie die Samen bis zum Auflaufen gleichmäßig feucht – bei trockenem Wetter bitte täglich gießen! Wenn die Keimlinge so groß sind, dass man sie anfassen kann, werden sie auf fünf Zentimeter, später je nach Pflanzengröße auf mehr Abstand vereinzelt. Borretsch und Dill säen sich meist von selber aus, wenn man ein paar Samenstände ausreifen lässt. Natürlich kann man den Samen auch selbst ernten und für die nächste Aussaat oder das nächste Frühjahr aufbewahren. Manche einjährigen Kräuter wie Dill und Kerbel sollte man in monatlichen Abständen nachsäen, damit man immer frisches Kraut zur Verfügung hat.

Auf den Samentütchen sind die günstigsten Aussaatzeiten angegeben. Beginnen Sie mit der Aussaat nie zu früh, die Samenkörner brauchen eine bereits erwärmte Erde, um keimen zu können. Wer allzu ungeduldig ist und frühzeitig ernten will, zieht seine Kräuter ab Mitte März im Frühbeetkasten oder im Blumentopf auf der Fensterbank vor und setzt die Pflänzchen ab Mitte Mai ins Freiland. Wärmeliebenden Kräutern wie Basilikum und Majoran ist der mitteleuropäische Frühling ohnehin zu kalt, sie kümmern im Freiland und sollten deshalb auf jeden Fall lieber im geschlossenen Frühbeet, unter einem Folientunnel oder auf der Fensterbank vorgezogen werden. Erst wenn es draußen schon richtig frühlingslau geworden ist, beziehen sie den für sie reservierten Platz auf der Kräuterspirale.

Auch viele mehrjährige Kräuter wie z. B. Zitronenmelisse, Brunnenkresse, Salbei, Lavendel und Thymian lassen sich auf die gleiche Weise durch Aussaat anziehen. Wenn man einen großen Garten hat und viele kleine Pflanzen braucht, lohnt sich die Mühe durchaus. Benötigt man jedoch nur einige wenige Pflanzen für die Verjüngung oder Erweiterung des eigenen Kräutersortiments, ist die Vermehrung durch Stecklinge oder Wurzelteilung einfacher.

Vermehrung durch Stecklinge

Viele mehrjährige Kräuter wie Salbei, Lavendel, Rosmarin, Thymian, Ysop, Oregano und Estragon lassen sich durch Stecklinge vermehren. Im Frühsommer, wenn die jungen Blätter der Pflanzen voll entfaltet sind, werden etwa fünf Zentimeter lange Triebspitzen mit einem scharfen Messer unter einem Blattknoten abgeschnitten und sofort in einen Blumentopf mit einer sandigen Erdmischung gesetzt. Bis die Stecklinge Wurzeln schlagen, müssen sie vor Luftzug und starker Sonne geschützt und gleichmäßig feucht gehalten werden. Besonders gut gedeihen sie im Frühbeet, im Gewächshaus oder einem besonders geschützten Platz im Garten. Sobald sie kräftige Wurzeln gebildet haben und zu treiben beginnen, kann man sie ins Freiland pflanzen.

Manche alten Pflanzen bilden übrigens von sich aus Stecklinge. Sie neigen ihre Äste zu Boden, die dort Wurzeln schlagen. Man kann das unterstützen, indem man die Äste z. B. mit einem Stein beschwert und leicht mit Erde bedeckt. Später schneidet man den Ast dann ab und pflanzt das bewurzelte Teilstück an eine neue Stelle.

Alter Salbeistrauch mit natürlichem Steckling

Vermehrung durch Wurzelteilung

Einige Kräuter wie Pfefferminze oder Estragon bilden Wurzelausläufer mit oberirdischen Trieben, die man im Herbst oder Frühjahr vorsichtig ausgraben und neu einpflanzen kann. Um die ungehemmte Ausbreitung dieser Pflanzen, vor allem der Pfefferminze, auf der Kräuterspirale zu vermeiden, sollte man sie in einen großen Topf oder Eimer pflanzen, aus dem man den Boden herausgeschnitten hat, und sie darin in den Boden der Spirale eingraben. Zu bedenken ist dabei, dass die Erde in dem Topf nach drei bis vier Jahren ermüdet ist und erneuert werden muss. Meerrettich vermehrt man mit einzelnen Wurzeln oder Wurzelstücken.

Am einfachsten zu vermehren sind jedoch die Pflanzen, die sich im Laufe der Zeit gleichmäßig ober- und unterirdisch ausbreiten und im Frühling oder Herbst geteilt werden können, z. B. Zitronenmelisse, Sauerampfer und Schnittlauch. Man gräbt sie aus und teilt sie mit einem sehr scharfen Spaten in mehrere Stücke oder sticht einfach in der Erde einen Teil ab, den man weiter verpflanzt.

Bei der Verjüngung des eigenen Bestands gilt es zu beachten, dass manche Kräuter wie z. B. Petersilie und Pfefferminze mit sich selbst unverträglich sind, d. h., wenn sie zu lange an einem Platz stehen, haben sie alle Nährstoffe herausgezogen, die sie zum Überleben brauchen, es kommt zur sogenannten Bodenermüdung. Alle paar Jahre sollte man für sie daher einen neuen Platz suchen.

Pflege der Kräuterspirale

Wenn die Kräuter regelmäßig geerntet werden, hält sich der Pflegeaufwand in Grenzen. Nicht vergessen darf man allerdings das Wässern bei anhaltender Trockenheit. Manche Kräuter wie Minze, Löffelkraut, Baldrian und Brunnenkresse sind auf Feuchtigkeit angewiesen. Vor allem muss der Teich immer wieder nachgefüllt werden. Und wenn man einjährige Kräuter ausgesät hat, muss man anfangs täglich gießen.

Der Boden der Kräuterspirale ist von den Kräuterpflanzen meist so gut bedeckt, dass nicht viel Unkraut wächst, das man zupfen könnte. Trotzdem sollte man natürlich immer wieder mal nach Unkraut schauen und dabei auch darauf achten, ob sich z. B. Borretsch oder Ringelblumen auch nicht zu stark ausgesamt haben. Bei der Gelegenheit kann man dann auch gleich die Erde etwas auflockern und eventuell etwas nicht zu kupferhaltiges Steinmehl streuen.

Dünger brauchen Kräuter nicht. Im unteren Bereich kann man im Herbst etwas Kompost aufbringen – das reicht vollkommen. Mangelndes Wachstum ist denn auch kein Problem, über das Spiralenbesitzer klagen. Im Gegenteil, nicht regelmäßig gestutzte Kräuterspiralen neigen dazu, unter ihrem üppigen Bewuchs zu verschwinden. Die wichtigste gärtnerische Maßnahme besteht deshalb darin, alles, was zum Wuchern neigt, regelmäßig in seine Grenzen zu verweisen. Nur so können sich alle Kräuter gleich gut entwickeln und die gewünschte Vielfalt kann über viele Jahre bestehen bleiben. Schneiden Sie raumgreifende Spiralenbewohner daher regelmäßig zurück und achten Sie darauf, dass weniger wuchsfreudige Pflanzen ebenfalls zum Zuge kommen.

Bei allen gärtnerischen Arbeiten an der Kräuterspirale lohnt es, sich nach Mondphasen bzw. den speziell berechneten günstigen Tagen für Blüten-, Blätter- oder Wurzelpflanzen zu richten. Die Pflanzen bedanken sich für diese Rücksichtnahme aller Erfahrung nach tatsächlich mit besonders gutem Gedeihen.

Die leidige Schneckenplage

Nicht nur Menschen, sondern auch Schnecken lieben Kräuter – wenn auch nicht alle. Salbei, Thymian und Ysop sollen sogar eine Abwehrwirkung besitzen. Umso besser schmecken den nimmersatten Kriechern Basilikum, Portulak, Gewürzfenchel und Petersilie. Auch frische Majoran- und Bohnenkrautsaaten sind in akuter Gefahr, von den gefräßigen Besuchern in kürzester Zeit verspeist zu werden. Einen gewissen Schutz bietet der sandige Boden im oberen Teil der Kräuterspirale, denn zumindest auf trockenem, körnigem Sand können Schnecken keine Schleimspur zum Kriechen bilden. Probieren Sie es deshalb auch mit Schutzstreifen aus Sand um besonders gefährdete Pflanzen.

Das neueste Wunder-Hausmittel gegen Schnecken soll Kaffee sein, den man aus Pumpsprühflaschen auf die Pflanzen und ihre Umgebung sprüht – offenbar können die Schnecken das darin enthaltene Koffein nicht verknusen. Bierfallen und Schneckenkorn sind unschöne Methoden, die zumindest mir den Spaß am Gärtnern verderben.

Bleibt als friedlichstes Mittel das konsequente Absammeln. Legen Sie Bretter, alte Säcke, Rhabarberblätter oder ähnliche Dinge aus, unter denen die Schnecken, die es gern feucht und dunkel haben, sich rasch verkriechen werden. Tragen Sie Ihre »Ernte« weit genug weg auf eine große Wiese, an den Waldrand oder in einen Straßengraben. Wenn Sie regelmäßig sammeln, werden Sie die Wirkung bald spüren.

Herbst- und Frühjahrsputz

Reste von einjährigen Kräutern, die beim ersten Frost abgestorben sind, werden zum Winteranfang entfernt und auf den Komposthaufen gebracht. Auch bei den meisten Mehrjährigen sterben die oberirdischen Pflanzenteile im Winter ab und nur die Teile unter der Erde überdauern. Die Stängel werden kurz über der Erde abgeschnitten, damit im Frühjahr das neue Kraut nachwachsen kann. Verholzende Halbsträucher wie z. B. der Lavendel verlieren nur ihre Blätter oder bleiben sogar grün. Der besonders frostempfindliche Rosmarin kann den Winter in unseren Breiten nur mit einem guten Winterschutz überstehen.

Auch andere Kräuter wie z. B. der Gewürzfenchel brauchen einen Winterschutz. Laub, Reisig, Stroh oder Nadelbaumzweige sind eine gute Abdeckung gegen die Winterkälte. Wichtig ist, dass die Pflanzen im Frühjahr rechtzeitig wieder aufgedeckt werden, damit sie nicht zu feucht werden, faulen oder Krankheiten bekommen. Lavendel, Estragon, Salbei und andere kälteempfindliche Pflanzen sollten deshalb im Winter auch lieber nicht ganz abgedeckt werden, sondern nur eine Mulchschicht (z. B. aus geschreddertem Staudenschnitt) als komfortable Fußbodenheizung bekommen. Sukkulenten wie Portulak oder Tripmadam dürfen überhaupt nicht zugedeckt werden.

Im Frühjahr werden die einzelnen Pflanzen dann behutsam freigelegt, der Boden wird gelockert und sauber gemacht – und auf der Kräuterspirale kann das neue Gartenjahr beginnen!

Reiche Kräuterernte

Wer eine Kräuterspirale hat, kann bei der Kräuterernte aus dem Vollen schöpfen. Am allerbesten ist es natürlich, wenn Sie Ihre Kräuter einfach nach Bedarf ernten und immer gleich frisch verwenden. Je kürzer der Abstand zwischen Ernte und Verwendung, desto höher der Gehalt an wertvollen Kräuterwirkstoffen.

Dennoch besitzen die meisten Kräuter eine schöne Eigenschaft: Ihr Aroma und ihre Würz- und Heilkraft lassen sich für die kalten Monate ohne frische Kräuter einfangen. In den folgenden Abschnitten wollen wir die bewährtesten Aufbewahrungsmethoden erklären.

Für alle diese Methoden gilt, dass sie schon bei der Ernte besondere Sorgfalt verlangen. Als Erstes muss der richtige Zeitpunkt für die Kräuterernte gefunden werden. Der ist von Pflanze zu Pflanze unterschiedlich. Lavendel z. B. erntet man, wenn sich die Blüten gerade zu öffnen beginnen, viele andere Kräuter, z. B. Estragon, Oregano oder Thymian, werden vor der Blüte geerntet. Genauere Hinweise für den richtigen Zeitpunkt finden Sie in der Tabelle ab S. 57 und in den 15 Kräuterporträts im nächsten Kapitel.

Die meisten Kräuter, vor allem die mit eher grauen und härteren Blättern, sammeln Sie am besten bei trockenem Wetter und zur frühen Mittagszeit, da dann der Tau abgetrocknet ist und die Pflanzen den größten Gehalt an Wirkstoffen haben. Kräuter mit zarten grünen Blättern wie z. B. Basilikum erntet man eher am frühen Morgen, weil sie leicht feucht am besten ihr Aroma entfalten. Ernten Sie nur gut entwickelte, gesunde und saubere Pflanzen oder Pflanzenteile. Schneiden Sie sie mit einer Schere ab und legen Sie sie vorsichtig in Körbe oder luftige Papiersäcke. Plastikbeutel und andere luftundurchlässige Behälter sind ungeeignet, weil das Sammelgut darin leicht muffig werden kann.

Je länger die Lagerzeit, desto mehr Wirk- und Aromastoffe gehen verloren. Sammeln Sie deshalb möglichst immer nur so viel, wie Sie in einem Winter verbrauchen oder verschenken können.

Blüten, Blätter, Samen, Wurzeln

Blüten sammeln Sie am besten zu Blütebeginn, wenn die Knospen sich gerade geöffnet haben. Alte Blüten haben ihre ätherischen Öle schon größtenteils als Duft ausgeströmt. Achten Sie darauf, dass Blüten, die Sie aufbewahren wollen, völlig tautrocken sind. Nur Blüten, die Sie frisch verwenden wollen, können Sie einige Minuten wässern, damit keine Insekten versteckt bleiben. Das gilt insbesondere für große Blüten, z. B. die der Kapuzinerkresse. Als getrocknete Blüten kennen die meisten Lavendel und Kamille. Aber auch viele andere Kräuterblüten, z. B. die von Schnittlauch, Ysop, Thymian und Salbei, sind ess- und genießbar. In den Rezepten finden Sie leckere Anwendungsbeispiele als Anregung zum eigenen Weiterexperimentieren.

Blätter erntet man bei den meisten Kräuterpflanzen vor der Blüte, weil sie dann am meisten Aromastoffe enthalten. Man stapelt sie locker in einem Korb oder einer luftigen Papiertüte und achtet darauf, sie möglichst wenig zu drücken oder zu knicken. Manche Kräuter, z. B. Dill und Basilikum, sollte man nur frisch verwenden, weil sie getrocknet viel von ihrem typischen Aroma einbüßen. Andere, z. B. Thymian oder Rosmarin, gewinnen durch Trocknen noch an Intensität (und manchmal auch an Strenge), sodass man beim Kochen von der getrockneten Version nur viel geringere Mengen verwenden darf als von der frischen.

Samenkörner sollten Sie am besten kurz vor der Vollreife ernten. Behalten Sie die Kräuter, deren Samen Sie ernten wollen, z. B. Kümmel, Koriander oder Fenchel, gut im Auge, damit Sie den richtigen Zeitpunkt erwischen. Ernten Sie zu früh, sind die Wirk- und Aromastoffe noch nicht maximal ausgebildet, warten Sie zu lange, kann es passieren, dass die Samenkörner sich lösen und herunterfallen. Schneiden Sie vorsichtig die ganzen Samenstände ab und sammeln Sie sie locker in einer Papiertüte, damit keine sich später noch lösenden Körner verloren gehen.

Wurzeln werden meist im Herbst geerntet, denn nach Trieb, Blüte und Reife wandern die Inhaltsstoffe mehrjähriger Pflanzen jetzt in die Wurzeln zurück. Stechen Sie immer nur so viele Wurzeln ab, wie die Pflanze ohne Schaden entbehren kann. Man gräbt zur Ernte die Wurzeln behutsam aus, putzt und wäscht sie und verwendet sie entweder frisch oder spaltet sie zum Trocknen.

Kräuter trocknen

Breiten Sie die Kräuter, die Sie trocknen wollen, an einem luftigen, aber schattigen Ort großflächig aus. Vielleicht haben Sie einen gut belüfteten Schuppen oder Speicher, einen nicht zu stickigen Heizungsraum oder einen schattigen Wintergarten. Geschlossene Räume wie Küchen, Waschküchen oder Bäder, in denen sich immer wieder Feuchtigkeit bildet, sind ebenso ungeeignet wie zur Muffigkeit neigende Keller.

Nach dem Trocknen sollten Blätter und Blüten noch die gleiche Farbe haben, also nicht ausgeblichen oder angeschimmelt sein. Legen Sie die Kräuter deshalb in dünner Schicht (nicht übereinander!) auf Papier oder Gazerahmen, an die von allen Seiten Luft fächeln kann. Von Natur aus trockene Pflanzen wie Wermut, Salbei oder Lavendel können Sie auch in Büschel schneiden und locker gebunden aufhängen.

Zum Trocknen aufgehängte Kräutersträuße

Beim Trocknen sollte es möglichst warm sein, damit das Wasser aus den Pflanzen rasch verdunsten kann, ehe sie vergilben. Mehr als 35 °C sind allerdings auch nicht förderlich, weil die Hitze die Duft- und Heilstoffe zerstören kann. Aus diesem Grund sollten Sie Kräuter auch nie in der prallen Sonne auslegen. Dickere Pflanzen und Pflanzenteile sollten Sie zwischendurch einmal vorsichtig wenden. Fertig getrocknet sind die Kräuter, wenn sich die Pflanzenteile leicht brechen oder zwischen den Fingern zerreiben lassen.

Samen sind trocken, wenn sie aus den Hüllen fallen. Klopfen Sie die Samenstände zum Schluss noch einmal kräftig aus. Die Spreu vom Kraut trennen Sie am einfachsten, indem Sie alles in ein feines Sieb geben und rütteln. Die schwereren Samen rutschen nach unten, die leichtere Spreu liegt obenauf und kann weggepustet werden.

Wurzeln trocknen nur schwer. Außerdem ist es zu deren Erntezeit im Herbst oft schon kalt und feucht. Man kann die sauberen, aufgespaltenen Wurzelteile auf Garn auffädeln und an einem warmen Ort im Haus aufhängen oder sie ganz vorsichtig (wiederum nicht über 35 °C!) im Ofen trocknen. Praktisch ist natürlich ein Dörrapparat, bei dem sich die Temperatur genau regeln lässt.

Getrockneten Lavendel, Waldmeister oder Rosmarin können Sie in Duftkissen einnähen und zwischen die Wäsche legen oder im Zimmer aufhängen. In hübschen Schälchen können Sie getrocknete Kräuter, mit Gewürzen und Blütenblättern gemischt, als Duftpotpourris auslegen. Auch getrocknete Kräutersträuße an Decken und Wänden sind äußerst dekorativ. Allerdings sollten sie immer etwas für Auge und Nase bleiben und nicht mehr in den Kochtopf wandern. Die verwendeten Kräuter werden mit der Zeit fahl und staubig, verlieren an Wirkstoffen und Geschmack.

Kräuter, die Sie tatsächlich zum Würzen von Speisen und für Kräutertees verwenden wollen, sollten Sie in Papier einwickeln und in einer Schublade oder in einer trockenen, dunklen Speisekammer verstauen. Luftdichte Gläser oder Porzellangefäße sind ebenfalls gut geeignet. Stellen Sie die Gläser aber an einen dunklen Ort oder verwenden Sie dunkles Glas, da das Licht das Aroma der Kräuter zerstören kann. Nehmen Sie am besten braunes, nicht grünes Glas, da das braune das Aroma am besten schützt. Kontrollieren Sie Ihre Bestände von Zeit zu Zeit auf Restfeuchtigkeit oder Schimmel.

Kräuter einfrieren

Viele Kräuter, wie Petersilie, Schnittlauch, Dill, Basilikum und Estragon, die sich nicht so gut trocknen lassen, kann man für den späteren Gebrauch hervorragend einfrieren. Hacken Sie die Kräuter und breiten Sie sie auf einem Tablett aus, das Sie in Ihren Tiefkühlschrank stellen. Später können Sie das Kräutergefriergut dann in Gefrierbeutel oder -dosen tun und je nach Bedarf streu- und rieselfähig portionieren.

Für Saucen, Suppen und Eintöpfe können Sie Kräutereiswürfel vorbereiten, die Sie dann nur noch in die warmen Speisen rühren müssen. Geben Sie die gehackten Kräuter in Eiswürfelbereiter, gießen Sie mit Wasser auf und füllen Sie die fertig gefrorenen Eiswürfel wiederum in Gefrierbeutel oder -dosen. Dabei brauchen Sie sich nicht auf ein Kraut zu beschränken, sondern können sich je nach Geschmack und Laune Beutel mit verschiedenen Würzwürfeln zusammenstellen – nur das Beschriften nicht vergessen!

Apropos Eiswürfel: In fruchtigen Getränken sind Würfel mit eingeschlossenen Kräuterblüten, z. B. von Ysop oder Salbei, sehr dekorativ. Legen Sie dafür die Blüten in den Eiswürfelbereiter, gießen Sie mit Wasser auf – und bei der nächsten Party wird der Überraschungseffekt ganz auf Ihrer Seite sein.

Kräuter einsalzen und -zuckern

Durch eine weitere Konservierungsmethode, das Einsalzen, erhalten Sie feine Würzmittel für Ihre Kräuterküche. Getrocknete, fein geriebene Kräuter wie Estragon, Liebstöckel und Petersilie werden mit gleichen Teilen Meersalz vermischt und in dunkle Schraubgläser gefüllt. Das selbst gemachte Kräutersalz können Sie wie Kochsalz verwenden, sollten es aber erst ganz zum Schluss an die fertig gekochten Speisen geben.

Experimentieren Sie auch einmal mit eingesalzenen frischen Basilikumblättern. Die Blätter werden in einem dunklen Schraubglas übereinander geschichtet und lagenweise gesalzen. Mit Olivenöl aufgegossen ist die Mischung etwa vier Wochen haltbar. Besonders lecker schmeckt sie mit Tomaten und Mozzarella; mit Essig, Knoblauch und schwarzem Pfeffer wird daraus eine würzige Vinaigrette.

Umgekehrt lassen sich Kräuter auch in Zucker konservieren. Versuchen Sie es z. B. mal mit kandierter Minze. In einer starken Zuckerlösung lässt man die Minzblätter ziehen und trocknen. Mehrmals überkandieren und nachtrocknen – eine hübsche, originelle Knabberei.

Kräuter in Essig und Öl einlegen

Zu den ältesten Konservierungsmethoden gehört das Einlegen in Essig und Öl. Die Kräuter werden dabei so vollständig von der Flüssigkeit eingeschlossen, dass sie nicht verderben können. Im Laufe der Zeit gehen die Wirk- und Aromastoffe auf die Flüssigkeit über. Auch wenn die Kräuter abgefiltert werden, bleiben ihre Würze und ihre Heilwirkung im Essig oder Öl vorhanden.

Kräuteröl und -essig sind hervorragende Zutaten für Saucen und Salate, aber auch schöne Mitbringsel und Geschenke für Freunde und Bekannte. In ihnen sind die Wärme und der Duft des vergangenen Sommers eingefangen.

Für die Herstellung von Kräuteröl und -essig lohnt es sich, schon von langer Hand hübsche Flaschen und Fläschchen zu sammeln. Dort hinein füllen Sie dann die sauberen, trockenen Pflanzenteile und übergießen Sie ganz mit Weinessig oder gutem Öl (z. B. Oliven- oder Distelöl). Experimentieren Sie je nach Geschmack einzeln oder gemischt mit Estragon, Thymian, Basilikum, Dill, Zitronenmelisse, Pfefferminze, Rosmarin oder Ysop. Wenn Sie möchten, können Sie Ihrem Kräuteressig auch frische Beeren, Lindenblüten, Lorbeerblätter, Holunderblüten, Chilischoten oder Pfefferkörner beifügen. Im nächsten Kapitel finden Sie zum Stichwort Estragon mehrere Würzideen für einen leckeren Estragonessig.

Als Richtwert sollten Sie pro Liter Weinessig 100 Gramm Kräuter verwenden. Stellen Sie die fest verkorkte oder mit einem luftdichten Schraubverschluss zugedrehte Flasche mit Kräuteressig oder -öl auf eine sonnige und warme Fensterbank und schütteln Sie den Inhalt einmal täglich kräftig

Flasche mit Kräuteressig

durch. Kräuteressig ist nach zwei bis drei Wochen, Kräuteröl nach vier bis sechs Wochen gebrauchsfertig. Mit einem Mulltuch und einem großen Trichter werden beide abgefiltert, das Tuch wird noch einmal kräftig ausgedrückt und die Flaschen werden gut verschlossen.

Verschenken können Sie die Flaschen auch mit den Kräutern; vor dem Gebrauch sollten die Kräuter aber herausgefiltert werden, denn ragen Blätter oder Stängel aus der teilweise verbrauchten Flüssigkeit, besteht Fäulnisgefahr.

Bowle und Kräuterliköre

Auch in alkoholischen Flüssigkeiten ist das feine Kräuteraroma bestens aufgehoben! Ein gutes Beispiel ist die berühmte Waldmeisterbowle, die zu einem schönen Frühling einfach dazugehört. Um das intensive Kräuteraroma zu übertragen, braucht man den (vor der Blüte gepflückten!) Waldmeister nur zwei Stunden lang in Büscheln in Weißwein zu hängen und danach mit Sekt aufzufüllen. Ähnliches kann man mit Zitronenmelisse oder Anis ausprobieren. Im letzten Kapitel dieses Buches finden Sie Rezepte für eine Pfefferminzbowle und eine Ysop-Erdbeer-Bowle – beide bei Erwachsenen wie (in nichtalkoholischer Variante) auch bei Kindern gleichermaßen beliebt.

Kräuterschnäpse und -liköre gibt es seit Urzeiten in vielen verschiedenen Variationen. Dabei schmecken sie nicht nur lecker. Ihre verdauungsfördernden Eigenschaften dienen als willkommene Ausrede dafür, sich nach einem guten Essen ein Gläschen zu genehmigen – man denke nur an den griechischen Anisschnaps oder den mitteleuropäischen Magenbitter.

Für einen fruchtigen, äußerst magenfreundlichen Kräuterlikör gießen Sie je 300 Gramm schwarze Johannisbeeren und Vollrohrzucker und je einen Esslöffel Kümmel-, Fenchel- und Anissamen mit einem Liter klarem Korn auf und schütteln die gut verschlossene Flasche alle zwei Wochen kräftig durch. Nach etwa sechs Wochen filtern Sie ihn durch ein feines Leinentuch – zum Wohl!

Kräutertees

Aus getrockneten Kräutern lassen sich viele Heiltees, aber auch Haustees für den täglichen Gebrauch selbst herstellen. Manche Anwendungen gehören zum volksmedizinischen Allgemeingut, andere erfordern eine naturheilkundliche Beratung.

Unbedenklich anwenden lässt sich z. B. der Kamillentee (aus getrockneten Kamillenblüten) innerlich bei verkorkstem Magen, äußerlich bei Hautreizungen oder als Dampfbad bei Erkältungen und zur Schönheitspflege. Ein Tee aus Kümmel-, Fenchel- und Anissamen wirkt auf den Darm entspannend und löst Blähungen. Schlaf fördernd ist ein Tee aus Johanniskraut, Hopfen- und Lavendelblüten. Gegen Halsschmerzen hilft Salbeitee, den man auch zum Gurgeln verwenden kann. Als Haustee heiß oder im Sommer auch kalt sehr beliebt ist Pfefferminztee. Den ganzen Sommer über können Sie Tee aus frischer Pfefferminze oder Zitronenmelisse zubereiten.

Als Faustregel gilt: Einen Teelöffel Kräuter pro Tasse mit kochendem Wasser übergießen, sieben bis zehn Minuten ziehen lassen und abseihen. Nach Bedarf süßen, und zwar am besten mit Honig, der mit dem feinen Aroma der Kräuter hervorragend harmoniert.

Bewährte Kräutermischungen in der Küche

Beim Trocknen, Einfrieren, Einsalzen und Einlegen können Sie bei der Kombination der Kräuter Ihrer Fantasie freien Lauf lassen. Nach einigem Ausprobieren werden Sie sicherlich Ihre Lieblingsmischungen finden. Erste Anhaltspunkte können dabei bekannte Kräutermischungen sein, die durch ihre traditionell bevorzugte Verwendung ganze Geschmacksrichtungen geprägt haben.

Dazu gehören z. B. die französischen »Fines Herbes« aus Basilikum, Bohnenkraut, Estragon, Kerbel, Petersilie, Rosmarin, Schnittlauch, Thymian, Zitronenmelisse und Oregano, die »Herbes des Provençe« aus Thymian, Majoran, Basilikum, Rosmarin, Lavendel und Salbei oder das »Bouquet garni« aus Thymian, Lorbeer und Petersilie, das beim Kochen von

Brühen und Suppen als Büschel eingehängt und vor dem Servieren wieder herausgenommen wird.

Zum Schluss als Anregung zum Experimentieren hier noch ein paar bewährte Kombinationen aus meiner Kräuterküche:

- Kerbel, Petersilie, Schnittlauch
- Estragon, Petersilie, Schnittlauch
- Ysop, Petersilie, Zitronenmelisse
- Schnittlauch, Petersilie, Ysop
- Dill, Schnittlauch, Borretsch
- Kerbel, Petersilie, Estragon
- Kresse, Petersilie
- Borretsch, Petersilie, Bohnenkraut
- Dill, Petersilie, Minze
- Rosmarin, Lavendel, Knoblauch, Zwiebel
- Basilikum, Knoblauch, Petersilie
- Petersilie, Minze, Dill, Salbei, Ysop, Rosmarin, Basilikum, Zitronenmelisse

Im folgenden Kapitel mit Kräuterporträts und -rezepten erhalten Sie viele weitere Anregungen für eine kreative Kräuterküche.

Von Rosmarin bis Brunnenkresse – 15 Kräuterporträts mit vielen Kräuterrezepten

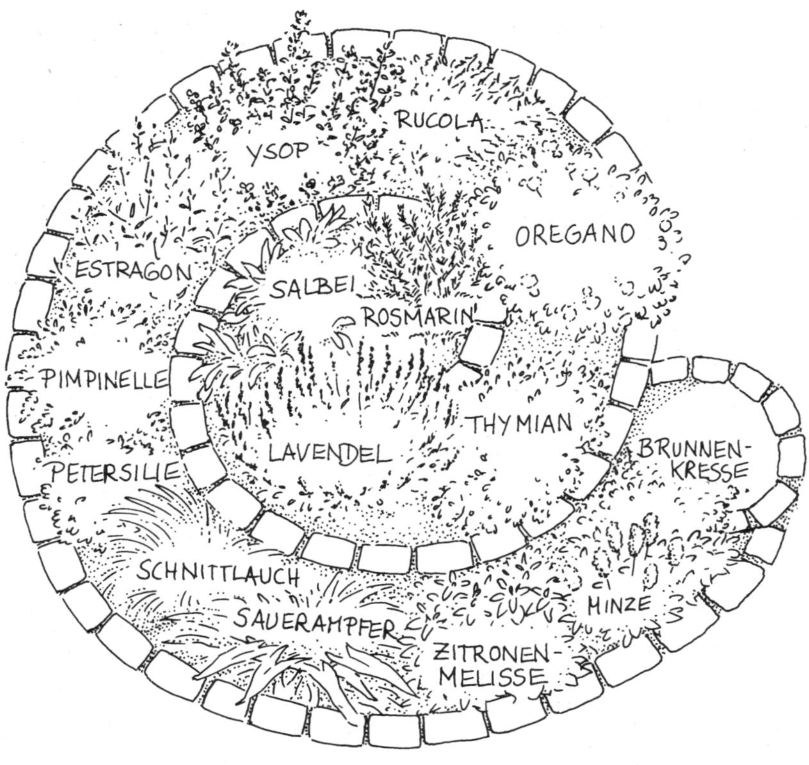

Meine Kräuterspirale

Rosmarin

Von allen Lieblingspflanzen auf meiner Kräuterspirale ist mir der Rosmarin am allerliebsten. Vielleicht, weil er am meisten mediterranes Flair ausstrahlt …

Vor dem Haus auf Korsika, in dem ich im Sommer Urlaub mache, steht eine 20 Meter lange und zwei Meter hohe Rosmarinhecke. Schon an Sonnentagen riecht sie einfach wunderbar. Wenn es aber in meinem Urlaub ausnahmsweise einmal kräftig gießt, bin ich überhaupt nicht böse. Der intensive Duft, den diese Hecke nach einem Regenguss verströmt, ist einfach unbeschreiblich!

Rosmarinus officinalis lautet der lateinische Name des Aromawunders. Der »Nachname« *officinalis* deutet auf seine Verwendung als Arzneikraut hin. Seinen »Vornamen« *Ros Maris* (»Tau des Meeres«) bekam das Kraut von dem römischen Autor Plinius, weil es nach seiner Beobachtung oft so nah am Wasser wuchs, dass es vom Schaum oder Tau (lateinisch *ros)* des Meeres (lateinisch *mare)* bespritzt werden konnte.

Tatsächlich ist der Rosmarin am Mittelmeer heimisch. Wild wachsend begegnet man ihm beispielsweise in Spanien, Frankreich, Italien und Griechenland, aber auch an den Küsten des Schwarzen Meeres. Er ist ein immergrüner Halbstrauch und gehört zur Familie der Lippenblütler *(Labiatae).*

Da die inneren Zweige stark verholzen, kann der Rosmarin unter günstigen Bedingungen tatsächlich bis zu zwei Meter hoch werden. Die Blätter sind nadelförmig und haben oben eine blau- bis dunkelgrüne, unten eine weiß- bis silbriggraue Farbe. Von März bis Mai trägt der Rosmarin kleine, blassblaue bis hellviolette, seltener auch weiße, blattachselständige Blüten mit nur zwei Staubblättern. Manchmal kommt der Rosmarin im September noch ein zweites Mal zur Blüte.

Vermehren lässt sich der Rosmarin am besten mit 10 – 20 Zentimeter langen Stecklingen, die man von älteren Pflanzen schneidet und in feuchter Gartenerde oder in feuchtem Sand Wurzeln schlagen lässt.

Rosmarin braucht einen mageren, trockenen, sandigen Boden. Auf der Kräuterspirale bekommt er deshalb auch den höchsten Platz, den oberen Teil der wärmespeichernden Trockenmauer im Rücken, die letzten Ausläufer der gewendelten Steine als Schutz gegen den Ostwind zur Seite. In dieses wärmende Nest gebettet, kann er kräftig wachsen und sein würziges Aroma optimal entfalten. Als echtes Kind des Südens ist der Rosmarin nämlich gegen Kälte – und vor allem gegen kalten Wind! – sehr empfindlich. Häufig heißt es, er sollte deshalb vor den ersten Frösten ausgegraben werden und in einem kühlen, luftigen Raum ein geeignetes Plätzchen zum Überwintern finden. Das Hin und Her ist für die Pflanze jedoch mit großem Stress verbunden. In milderen Gebieten und tieferen Lagen sollte man es lieber mit einem guten Winterschutz versuchen.

Geerntet werden die nadelförmigen Blätter, und zwar am besten vor der Blüte. Wer die Blätter aufbewahren möchte, trocknet sie sofort nach der Ernte – bei warmem Wetter draußen im Schatten oder in einem warmen Zimmer (z. B. Heizungsraum) luftig ausgebreitet. Wer frischen Rosmarin verwenden will, kann auch später noch laufend frische Triebe ernten.

Die Heilkräfte des Rosmarins waren schon im Altertum bekannt. Die alten Griechen schrieben ihm vor allem eine gedächtnisstärkende Wirkung zu. Aus diesem Grund erschienen griechische Studenten zu ihren Prüfungen auch mit Rosmarinkränzen auf dem Kopf!

Die Römer schmückten ihre häuslichen Götterstatuen mit dem der Aphrodite gewidmeten heiligen Gewächs. Noch heute ist es in manchen südeuropäischen Ländern Sitte, den Toten einen Zweig Rosmarin ins Grab zu legen, und bei Hochzeiten und Kindstaufen kommen Rosmarinzweige wie Myrte als Schmuck zum Einsatz.

Auch im Mittelalter und in der Renaissance wurde der Rosmarin als Heilkraut sehr geschätzt. Eine Kräuterkunde aus dem Jahre 1532 empfahl ihn als wirksames Mittel gegen Gedächtnisschwäche, Ohnmacht, Zittern, Fettsucht, Magengeschwüre, Husten, Gelbsucht und Pest.

Die Blätter des Rosmarins enthalten reichlich ätherisches Öl mit den Hauptbestandteilen Cineol und Borneol, ferner Gerbstoffe, Kampfer, Bitterstoffe, Harze und antioxidativ wirkende Saponine und Flavonoide. Sie regen die Magensaftabsonderung an, wirken nervenstärkend, galletreibend, appetitanregend sowie krampflösend und hemmen das Bakterienwachstum.

In der modernen Naturheilkunde wird Rosmarin gegen Blähungen, niedrigen Blutdruck, nervöse Herz- und Kreislaufbeschwerden, rheumatische und neuralgische Beschwerden, schwache Menstruation, Schwäche und Erschöpfungszustände, Verdauungsstörungen und hartnäckige Hautausschläge eingesetzt.

Vor allem die anregende Wirkung des Rosmarins ist unter den Heilpflanzen eher selten. Als Hausmittel ist er deshalb besonders als Zusatz für Voll- oder Teilbäder sehr beliebt. Schon morgendliche Armbäder sollen kleine Wunder wirken. Rosmarin gilt auch als wirksames Mittel gegen Haarausfall und ist deshalb bis heute Bestandteil mancher Haarwässer.

Dass ein so würziges Heilkraut wie der Rosmarin auch für die Küche entdeckt wurde, war wohl nur eine Frage der Zeit. Seit dem 17. Jahrhundert wird er häufig in Kochbüchern erwähnt, vor allem im Zusammenhang mit Wild- und Lammfleisch, aber auch mit Gemüsegerichten, Saucen, Suppen und Salaten. Als Gewürz verwendet man die frischen oder getrockneten ganzen, gestoßenen oder gemahlenen Blätter.

Besonders in der italienischen, französischen und spanischen Küche sowie auf dem Balkan und im Kaukasus spielt der Rosmarin bis heute eine große Rolle. Aus den klassischen Gewürzmischungen »Fines Herbes« und »Herbes de Provençe« ist er nicht wegzudenken.

Rosmarin passt sehr gut zu Eintöpfen und Kartoffeln, zu allem scharf Gebratenen, Gebeizten und Gegrillten, aber auch zu einem frischen Obstsalat. Experimentieren Sie beim Kochen abseits der ausgetretenen Würzpfade, und Sie werden staunen, auf welch vielseitige Weise Sie sein Mittelmeeraroma einfangen können – der letzte Urlaub lässt grüßen!

Tipps für Kosmetik und Hausapotheke:

Rosmarintee: 1 Teelöffel Rosmarin mit 1 Liter kaltem Wasser ansetzen und langsam zum Sieden bringen, 10 Minuten ziehen lassen. Morgens und mittags jeweils 1 Tasse trinken.

Rosmarinbad: 50 g Rosmarin mit 1 Liter Wasser zum Sieden bringen, 30 Minuten ziehen lassen und ins Badewasser geben. (Als Spülung nach der Haarwäsche sorgt dieser Badezusatz für kräftiges, glänzendes Haar.)

Haarwasser: 3 Esslöffel Rosmarin mit 3 Esslöffel Eberraute und 2 Esslöffel Kampfer mit einem halben Liter kochendem Wasser übergießen, eine Stunde ziehen lassen, abseihen und in Flaschen füllen. Täglich ein wenig davon in die Kopfhaut massieren.

Tipps für die Küche:

- ▷ Werfen Sie beim Grillen einen Rosmarinzweig in die Holzkohleglut.
- ▷ Geben Sie beim Brotbacken einige geschnittene frische Rosmarinblätter in den Brotteig.
- ▷ Stellen Sie nach dem Rezept für Estragonessig (siehe Seite 117) einen Rosmarinessig her.
- ▷ Probieren Sie Rosmarin als Gewürz für Bohnen- und Linsensalat.
- ▷ Würzen Sie Salatsaucen auf Essigbasis mit gemahlenem Rosmarin.
- ▷ Würzen und garnieren Sie Obstsalat mit frischen Rosmarinblättern und -blüten.
- ▷ Verrühren Sie klein gestoßene Rosmarinblüten mit etwas Zucker und Sahne und gießen Sie diese feinwürzige Sauce über ein frisches Fruchtpüree.

Linsensuppe mit Rosmarin

250 g braune Linsen, über Nacht eingeweicht
1 große Zwiebel, grob gehackt
1 l Gemüsebrühe
2 Bund Suppengemüse, klein geschnitten
4 Kartoffeln, geschält und grob gewürfelt
2 EL Rosmarinblätter, fein gewiegt
Salz
Pfeffer

Die eingeweichten Linsen abgießen und mit der Zwiebel in der Gemüsebrühe etwa 45 Minuten garen lassen. Suppengemüse und Kartoffeln einrühren und weitere 20 Minuten kochen. Kurz vor dem Servieren Rosmarin einrühren und mit Salz und Pfeffer abschmecken.

Rosmarinkartoffeln

6 EL Olivenöl
1 Knoblauchzehe, zerdrückt
2 EL frische (oder 2 TL getrocknete) Rosmarinblätter
1 TL Salz
1 kg Kartoffeln, geviertelt oder geachtelt

Öl, Knoblauch, Rosmarin und Salz in einer großen Schüssel mischen, Kartoffeln dazugeben, gut in der Ölmischung wenden und 5 – 10 Minuten ziehen lassen. Kartoffeln mit dem Schaumlöffel herausnehmen, auf einem mit Backpapier ausgelegten Backblech verteilen und bei 200 – 220 °C etwa 45 Minuten knusprig braun backen.

Rosmarintofu vom Grill

Tofuwürfel und Champignons mit Kürbiskernöl und Rosmarin mischen, mit Grillgewürz kräftig würzen und eine Stunde ziehen lassen. Auf Spieße stecken und auf dem Grill in etwa 10 – 15 Minuten bei nicht allzu großer Hitze knusprig werden lassen. Dazu Brot und einen frischen Salat.

500 g Räuchertofu, in große Würfel geschnitten
250 g nicht zu kleine ganze Champignons
100 ml Kürbiskernöl
1 Bund Rosmarin, klein geschnitten
Grillgewürz

Rosmarin-Erdbeer-Sorbet

Wasser, Zucker, Rosmarin und 2 EL Zitronensaft zum Kochen bringen und leise köcheln lassen, bis sich der Zucker aufgelöst hat. Mindestens eine Stunde abkühlen und ziehen lassen, dann durch ein feines Sieb gießen, sodass der Rosmarin herausgefiltert wird. Erdbeeren im Mixer oder mit dem Pürierstab pürieren, durch ein Sieb streichen, mit dem restlichen Zitronensaft verrühren und mit der Zuckerlösung mischen. Zum Schluss den Weißwein oder Apfelsaft unterrühren. Die Sorbetmasse in eine Schüssel geben und in den Tiefkühlschrank stellen. Alle 10 – 15 Minuten mit einem Schneebesen, später mit einem Löffel umrühren, damit sich keine großen Eiskristalle bilden. Nach 1½ – 2 Stunden mit einem Eislöffel Kugeln formen, in Dessertgläser geben und mit den Erdbeerhälften und Rosmarinstängeln garnieren.

8 EL Wasser
10 EL Vollrohrzucker
2 EL Rosmarinblätter, gehackt
6 EL Zitronensaft
500 g Erdbeeren
4 EL trockener Weißwein oder Apfelsaft, gut gekühlt
Erdbeerhälften und Rosmarinstängel zum Garnieren

Zu festlichen Anlässen können Sie das Sorbet auch in Sektgläser geben und mit Sekt auffüllen.

Salbei

Der Salbei gehört zu den ältesten und bis heute beliebtesten Heilpflanzen, wie uns schon sein wissenschaftlicher Name, *Salvia officinalis,* verrät, denn »heilen« heißt auf Lateinisch *salvare.* Seine Heimat ist der Mittelmeerraum, wo man ihm auf Wanderungen in Südfrankreich, Italien, Griechenland, Dalmatien und Mazedonien häufig wild begegnet. Mit seinen schönen blauen bis rosa-violetten Blüten ist er ein echtes Schmuckstück für jeden Garten und verströmt besonders bei heißem Sommerwetter einen einzigartigen, würzigen Duft.

Schon die alten Griechen und Römer wussten die heilende Wirkung des Salbeis zu schätzen. Seine Blätter gelten als uraltes Symbol des ewigen Lebens. Die Römer waren es auch, die ihn aller Wahrscheinlichkeit nach mit in unsere Breiten brachten. Im Mittelalter galt er als eine Art Universalheilmittel, ein Stammplatz in den Klostergärten war ihm sicher. *Cur moriatur homo, cui salvia crescit in horto?* (»Wie kann ein Mensch sterben, in dessen Garten Salbei wächst?«), lautete ein aus dem 13. Jahrhundert stammender Merksatz an der ältesten medizinischen Fakultät Europas in Salerno. Ein etwas realistischerer Reimeschmied soll darauf erwidert haben: *Contra vim mortis non est medicamen in hortis* (»Gegen die Macht des Todes ist kein Kraut gewachsen«).

Kein Wunder, dass der für die damalige Heilkunst so wichtige Salbei auch in der mittelalterlichen Liebesmagie eine Rolle spielte:

»Stich drei Löcher in ein Salbeiblatt, ziehe ein Haar von dir zusammen mit einem Haar der Frau, die du liebst, durch diese Löcher und vergrabe alles unter der Schwelle ihres Hauses. So wird sie dich ewig lieben«, lautet ein überlieferter Ratschlag. Wer mag, kann seine Wirkung auf die Probe stellen.

Nicht ganz unwichtig für die Liebesmagie war vielleicht auch, dass der Salbei in früheren Zeiten für guten Atem sorgte. Viele Jahrhunderte lang diente er als Ersatz für die noch nicht erfundene Zahnbürste – man rieb sich einfach mit einem Salbeiblatt die Zähne ab.

Rothaarigen Frauen, die den Hinweis eines der mittelalterlichen »Väter« der Botanik, Leonhart Fuchs, befolgten, konnte der Salbei gar das Leben retten. Da rothaarige Frauen zu seiner Zeit allerorts als Hexen verdächtigt wurden, riet er ihnen dringend, sich die Haare schwarz zu färben und dazu Salbei zu verwenden.

Der Salbei ist ein stark verzweigter, graugrüner bis silbergraublättriger Halbstrauch. Seine vierkantigen Stängel sind im unteren Teil verholzt, die dicken, filzig behaarten Blätter zeigen auf der Oberfläche ein wabenartiges Muster. Heute gibt es immer mehr neue Arten und Sorten mit bunten (z. B. dunkelroten) Blättern und kräftigen Blütenfarben. Der Salbei gehört zur Familie der Lippenblütler *(Labiatae)*.

Im Juni bis Juli erscheinen die ausgesprochen hübschen, wohlriechenden Blüten, die den Salbei zu einem Hummelliebling machen. Nur diese schweren Insekten sind auch in der Lage, einen raffinierten Kippmechanismus im Innern der Blüte in Gang zu setzen, der dafür sorgt, dass eine reichliche Portion Blütenstaub am Hummelrücken abgestreift wird. Den Hummeln zuzusehen, wie sie fast ganz in die Salbeiblüten eintauchen, ist ein besonderes Sommervergnügen.

Vermehrt wird der Salbei im Frühjahr durch Stockteilung. Wie in der Natur braucht er einen sonnigen, abschüssigen Standort mit lockerem, reichlich kalkhaltigem, eher trockenem Boden. Auf der Kräuterspirale findet er seinen Platz in der oberen, mediterranen Zone neben dem Rosmarin, den er als guter Nachbar vor Mehltau schützt. Eine dicke Mulchdecke macht dem Salbei das Überwintern in kühlen Gegenden leichter.

Ältere Salbeipflanzen verholzen leicht. Es hilft, sie im Frühjahr auf etwa 15 Zentimeter zurückschneiden, damit wieder möglichst viele frische Triebe kommen.

Am meisten Wirkstoff und Aroma haben die jungen Blätter und Triebspitzen. Zum Aufbewahren sollten die Blätter am besten vor der Blüte bei trockenem Wetter und zur Mittagszeit geerntet, im Schatten getrocknet und bei künstlicher Wärme bis zu 35 °C nachgetrocknet werden.

Für den frischen Gebrauch kann man den ganzen Sommer über junge Blätter ernten. Getrockneter Salbei schmeckt strenger und »medizinischer« als die frischen Blätter. Für die Hausapotheke ist er gut geeignet, zum Kochen jedoch sollten Sie stets nur frischen Salbei verwenden.

Neben ätherischen Ölen enthalten Salbeiblätter Gerbstoffe und sekundäre Pflanzenstoffe wie Flavonoide. Sie wirken zusammenziehend, entzündungshemmend, bakterien- und pilztötend, verdauungsfördernd, magenstärkend, wundheilend und schweißhemmend. Bei stillenden Müttern drosseln sie die Milchproduktion.

In der Naturheilkunde wird Salbei bis heute am häufigsten gegen Entzündungen im Mund- und Rachenraum eingesetzt. Spülen und Gurgeln mit Salbeitee helfen gegen Zahnfleischentzündungen und Halsschmerzen. Wer eine Zahnfleischentzündung hat, kann auch Salbeiblätter kauen. So manche Halsentzündung lässt sich abwenden, wenn gleich beim ersten Kratzen ein ordentlicher Vorrat Salbeitee aufgegossen wird.

Mit innerlich und äußerlich angewendetem Salbeitee lassen sich außerdem starkes Schwitzen und Schweißausbrüche bekämpfen. Und Mütter, die Abstillen wollen, können zur Verringerung der Milchmenge Salbeitee trinken.

In den Küchen Südeuropas wird frischer Salbei seit Langem als Alleingewürz oder in Gewürzmischungen verwendet. Bedenken Sie beim Experimentieren, dass er sehr starke Geschmacksakzente setzt. Verwenden Sie ihn deshalb als Mitgewürz eher sparsam und als Hauptgewürz eher wie eine Hauptzutat. Pasta oder Gnocchi mit Salbei brauchen nichts weiter als ein wenig Butter, Salz und Pfeffer; jede weitere Zutat würde den köstlichen Geschmack dieser einfachen, aber wirkungsvollen Gerichte nur verwässern.

Wie in der mediterranen Berglandschaft kann der Salbei auch in der Küche für sich alleine stehen. Lassen Sie sich von ihm heilen und verwöhnen!

Tipps für Kosmetik und Hausapotheke:

Salbeitee: 2 bis 3 Esslöffel Salbeiblätter mit 1 Liter kaltem Wasser ansetzen und langsam zum Sieden bringen, abseihen und warm trinken. Wenn Ihnen der Tee zu medizinisch schmeckt, können Sie ihn mit Honig und Zitrone mildern.

Gurgellösung: 1 Teelöffel Salbeiblätter mit 100 ml kochendem Wasser übergießen, 10 Minuten ziehen lassen, abseihen und noch lauwarm zum Spülen und Gurgeln verwenden.

Mundspülung gegen leichte Zahnschmerzen: 1 Teelöffel Salbeiblätter und 1 Gewürznelke mit 100 ml kochendem Wasser übergießen und stehen lassen, bis die Flüssigkeit nur noch lauwarm ist. Abseihen und den Mund vorsichtig damit spülen.

Aftershave und Gesichtswasser: 2 Teelöffel Salbeiblätter mit 150 ml kochendem Wasser übergießen, 10 Minuten ziehen lassen, abseihen und abkühlen lassen. (Im Kühlschrank bis zu drei Tage aufbewahren.)

Tipps für die Küche:

- ▷ Ein Stängel Salbei im Apfelgelee sieht toll aus und sorgt für ein feinherbes Aroma.
- ▷ Mixen Sie aus Salbei, gerösteten Walnüssen, Walnussöl und etwas Knoblauch ein würziges Pesto.
- ▷ Tauchen Sie frische Salbeiblätter in Bierteig und backen Sie sie knusprig aus.
- ▷ Streuen Sie frischen, gehackten Salbei über krosse Bratkartoffeln.
- ▷ Probieren Sie eine Kräuterbutter mit Salbei, Pfefferminze, Ysop und Petersilie.
- ▷ Setzen Sie Sonnenblumenöl mit Salbei, Thymian und Petersilie an.

Erbsensuppe mit Salbei

2 Zwiebeln, fein gehackt
2 EL Butter
500 g junge, ausgepalte Erbsen
1 l Gemüsebrühe
100 ml Schlagsahne
2 EL Salbeiblätter, fein gewiegt
Salz
Pfeffer

Zwiebeln in der Butter andünsten, Erbsen zugeben und kurz mitdünsten lassen. Mit der Gemüsebrühe angießen, etwa 15 – 20 Minuten kochen lassen und die Suppe pürieren oder durch ein Sieb streichen. Sahne steif schlagen, zum Schluss den Salbei einstreuen und die Salbeisahne unter die Suppe ziehen. Nicht mehr kochen! Mit Salz und Pfeffer abschmecken und sofort servieren.

Salbeispaghetti

500 g Vollkornspaghetti
100 g Butter
3 Knoblauchzehen, zerdrückt
1 Tasse Salbeiblätter, in feine Streifen geschnitten
100 g Parmesan, frisch gerieben

Die Spaghetti in reichlich Salzwasser bissfest kochen. Butter nicht zu stark erhitzen, Knoblauch und Salbei hinzufügen und kurz dünsten. Die Buttersauce unter die Spaghetti mischen. Mit frischem Parmesan bestreuen.

Bei diesem einfachen, aber wirkungsvollen italienischen Klassiker kommt alles auf die Zutaten an: bissfeste Nudeln, gute Butter, gartenfrischer Salbei und echter, frisch geraspelter Parmesan. Bellissimo!

Salbeiblüten-Fenchel-Salat

Fenchel, Apfelsine, Gurke, Eisbergsalat und Salbeiblüten mischen. Öl mit Zitronensaft verquirlen, mit Salz und Pfeffer würzen und unter den Salat heben.

2 Fenchelknollen, in sehr feine Streifen geschnitten
1 Apfelsine, geschält und in Stücke geschnitten
½ Salatgurke, gewürfelt
4 Blätter Eisbergsalat, in feine Streifen geschnitten
4 EL Salbeiblüten
3 EL Olivenöl
2 EL Zitronensaft
Salz
Pfeffer

In den äußeren Blättern großer Fenchelknollen wie in Schiffchen angerichtet, wirkt dieser bunte Sommersalat besonders dekorativ.

Salbeiknusperstängel

Eier trennen. Eiweiß im Kühlschrank aufbewahren. Eigelb schaumig rühren, nach und nach Weißwein, Wasser, Olivenöl, Mehl, Zucker und Salz zugeben und den Teig zugedeckt bei Zimmertemperatur eine Stunde ruhen lassen. Eiweiß sehr steif schlagen und vorsichtig unter den Teig heben. Salbeistängel in den Teig tauchen und in reichlich Öl knusprig goldbraun ausbacken – eine Köstlichkeit!

2 Eier
4 EL Weißwein
8 EL Wasser
1½ EL Olivenöl
6 – 7 geh. EL Weizenvollkornmehl
1 TL Vollrohrzucker
1 Prise Salz
16 Salbeistängel, etwa 10 cm lang (mit Blüten und Blättern)
Erdnussöl zum Ausbacken

Lavendel

Provençe, Südfrankreich. Flirrendes Sonnenlicht. Endlose Lavendelfelder mit lilafarbener Blütenpracht …

Wer an den Blüten des Lavendels riecht oder die Blätter zwischen den Fingern zerreibt, sieht sie sofort, die schönsten Fernwehbilder. Tatsächlich ist es vor allem der intensive Lavendelduft, der auf uns Menschen heilsam wirkt, der uns beruhigt und frei macht von allen Spielarten des Alltagsmiefs.

Lavandula angustifolia heißt das wohlriechende Kraut, das an den Küstengebieten des Mittelmeeres beheimatet, heute aber über ganz Südeuropa verbreitet ist. Bereits im Altertum wurde es sowohl in der Medizin als auch zu kosmetischen Zwecken eingesetzt. Man streute die getrockneten Blüten auf dem Boden aus, um Ungeziefer zu vertreiben. Und schon die Römerinnen verwendeten Lavendel als Duftspender für ihre Wäsche und als Badezusatz. Vermutlich leitet sich sein Name denn auch von dem lateinischen Verb *lavare* (»waschen«) ab. Sein Duft wird als angenehm frisch und reinigend empfunden.

Seit dem 16. Jahrhundert wird der Lavendel wegen seines ätherischen Öls planmäßig angebaut. Lavendelöl dient zur Parfümierung zahlreicher kosmetischer Produkte und hat einen festen Platz in der Aromatherapie.

Dass die Felder so groß sind, kommt nicht von ungefähr: Zur Herstellung des Öls werden unvorstellbare Mengen Blüten verarbeitet – für 750 ml Öl etwa 250 kg!

Der Lavendel ist ein mehrjähriger winterharter Halbstrauch aus der Familie der Lippenblütler *(Labiatae)*. In der Mitte verholzt, treibt er lange Stiele mit dünnen, glatten, spitzen Blättern. An den Spitzen der Stängel wachsen im Juli bis August lilafarbene, ährenartig übereinander angeordnete Blüten, die den intensiven Duft verströmen.

Der Lavendel braucht einen vollsonnigen Platz und trockenen, kalkhaltigen Boden. In der oberen mediterranen Zone der Kräuterspirale fühlt er sich daher wie zu Hause. Es kann vorkommen, dass er strenge Winter nicht überdauert. Für eine dicke Mulchschicht als Fußbodenheizung in der kalten Jahreszeit ist er deshalb sehr dankbar.

Lavendelstecklinge pflanzen Sie am besten im Mai. Alte Pflanzen können im Spätherbst oder zu Beginn des Frühjahrs durch einen starken Rückschnitt verjüngt werden. Häufeln Sie dabei die unteren Zweige so an, dass sie neue Wurzeln treiben können.

Lavendelblätter, die Sie aufbewahren wollen, pflücken Sie am besten vor der Blüte im Mai oder Juni und trocknen sie an einem luftigen Schattenplatz. Frische Blätter können Sie ständig ernten. Die Blüten schneidet man Anfang Juli mitsamt der Stängel, wenn die Knospen gerade zu blühen beginnen. Breiten Sie die Stängel aus oder hängen Sie sie in lockeren Sträußen kopfüber an einem luftigen Ort zum Trocknen auf. Später können Sie dann zwischen den Händen oder auf einem Brett die trockenen Blüten vorsichtig von den Stängeln reiben.

Ernten Sie aber niemals alle Blüten eines Lavendelstrauches, Sie würden Ihren Garten damit eines attraktiven Blickfangs und eines wahren Bienenmagneten berauben. Außerdem könnten Sie sich dann keine frischen Blüten mehr für Ihre Sommerküche holen.

Aus den frischen Blütenknospen wird Lavendelöl für die Kosmetikindustrie und die Aromatherapie gewonnen. Die getrockneten Blüten werden in kleine Beutel aus Mull oder einem anderen geruchsdurchlässigen Stoff gegeben und als Lufterfrischer in Zimmer und Schränke gehängt, wo sie Motten vertreiben und der Wäsche einen angenehmen Duft verleihen.

In der Pflanzenheilkunde hat sich der Lavendel seit Jahrhunderten vor allem als nervenberuhigendes und blutdrucksenkendes, aber auch als infektions- und schmerzlinderndes Mittel bewährt, das bei Koliken, nervösen Herzbeschwerden, Niedergeschlagenheit und Schlafproblemen zum Einsatz kommt. Im Verbund mit anderen Inhaltsstoffen wie Gerb- und Bitterstoffen, Harzen und Phytonziden wirkt sein ätherisches Öl auch krampflindernd im Magen-Darm-Trakt, regt die Darmfunktion an und hemmt Durchfälle.

Als Gewürz sind Lavendelblätter deshalb für schwer verdauliche, fette Speisen besonders gut geeignet. Die Aromatherapie schätzt den Lavendel als Entspannungsmittel, das gegen stressbedingte Kopfschmerzen, Verdauungsstörungen und Reizbarkeit helfen und für einen friedlichen Schlaf sorgen kann.

Die leicht bitter-würzigen Blätter sind ein nicht wegzudenkender Bestandteil der berühmten »Herbes de Provençe« und als Alleingewürz in der spanischen, italienischen, französischen und vor allem auch in der korsischen Küche sehr beliebt.

Wegen ihrer starken Würzkraft sollten Sie bei den Mengen vorsichtig sein. Am besten passen die Blätter für meinen Geschmack zu deftigen Eintopfgerichten.

Weniger bekannt dürfte vielen sein, dass auch die Blüten essbar sind und viele Speisen nicht nur auf dekorative, sondern auch äußerst wohlschmeckende Weise bereichern. Ihr Aroma ist feiner und luftiger als das der Blätter und passt deshalb besonders gut zu allem Sahnig-Fruchtigen. Bei den Rezepten finden Sie einige Beispiele zum Einstieg in die kreative Blütenküche. Machen Sie sich dabei auch die aufbauende und beruhigende Wirkung des Lavendels zunutze, genießen Sie ihn zum Ausklang eines vollen Tages und denken Sie bei jedem Biss an die endlos weiten, lila leuchtenden Lavendelfelder …

Tipps für Kosmetik und Hausapotheke:

Stecken Sie bei *Schlafproblemen* ein Beutelchen mit Lavendel zwischen Kopfkissen und Kissenbezug – ein Trick, der auch bei unruhig schlafenden Kindern funktioniert.

Betupfen Sie *Insektenstiche* und kleinere *Verbrennungen* mit reinem Lavendelöl.

Lavendeltee zur Magen- und Nervenberuhigung: 1 Teelöffel Lavendelblüten mit 1 Liter kaltem Wasser ansetzen und langsam zum Sieden bringen, abseihen und morgens, mittags und abends je eine Tasse trinken.

Abendtee: Mischen Sie sich einen schlaffördernden Abendtee aus Lavendel, Johanniskraut, Melisse, Kamille, Basilikum und Hopfen.

Badezusatz: 50 g Blüten mit 1 Liter kochendem Wasser überbrühen, 30 Minuten ziehen lassen, ins Badewasser geben.

Tipps für die Küche:

- ▷ Legen Sie beim Grillen einige Lavendelzweige ins Feuer, das duftet angenehm und gibt dem Grillgut einen rauchigen Beigeschmack.
- ▷ Lavendel harmoniert gut mit Rosmarin. Kneten Sie je einen halben Teelöffel Lavendel- und Rosmarinblüten in Ihren Brotteig oder stellen Sie eine Kräuterbutter mit Lavendel- und Rosmarinblüten her.
- ▷ Streuen Sie frische Lavendelblüten über Ihren Obstsalat.
- ▷ Für einen fein »parfümierten« Zucker stecken Sie ein paar Lavendelstängel mit Blüten kopfüber in Ihre Zuckerdose.

Lavendel-Auberginen-Fächer

2 Auberginen
2 EL Lavendelblätter, fein gehackt
1 Stängel Zitronenmelisse, fein gehackt
1 Stängel Rosmarin, fein gehackt
2 Stängel Oregano, fein gehackt
2 Knoblauchzehen, zerdrückt
6 EL Olivenöl
Salz
Pfeffer
abgeriebene Schale einer unbehandelten Zitrone

Die Auberginen mit Stielansatz längs halbieren und vom Stielansatz in Längsrichtung etwa in einen Zentimeter breite Streifen schneiden, sodass sich die Streifen zu einem Fächer auseinanderdrücken lassen, ohne sich vom Stielansatz zu lösen. Kräuter und Knoblauch mischen. Die Hälfte der Mischung mit 3 EL Öl zu einer Paste verrühren, mit Salz und Pfeffer würzen, in die Auberginenfächer streichen und zugedeckt mindestens 30 Minuten ziehen lassen. Mit dem restlichen Öl bestreichen und im vorgeheizten Backofen bei 200 – 220 °C etwa 20 Minuten backen, bis die Auberginen weich sind. Restliche Kräuter mit der Zitronenschale mischen und die gebackenen Auberginenfächer damit bestreuen.

Dazu passen frisches Stangenbrot und ein Tomatensalat.

Beeren mit Lavendelsahne

200 ml Schlagsahne
1 EL Vollrohrzucker
½ TL Vanille, gemahlen
2 EL Lavendelblüten
400 g gemischte Beeren (z. B. Himbeeren, Brombeeren, Blaubeeren)
einige Lavendelblätter und -blüten zum Garnieren

Sahne steif schlagen, zum Schluss Zucker, Vanille und Lavendelblüten einstreuen. Sahne unter die Beeren ziehen und mit Lavendelblättern und -blüten verzieren.

Lavendelkekse

Zucker, Mehl und Vanillepulver mischen. Erst die Eier, dann die Butter unterschlagen. Zuletzt die Lavendelblüten unterziehen. Teelöffelweise auf ein gefettetes Blackblech setzen. Bei 180 – 200 °C etwa 10 – 12 Minuten backen, bis die Kekse leicht gebräunt sind. Zum Fünfuhrtee auf der Zunge zergehen lassen!

60 g Vollrohrzucker
120 g Weizenvollkornmehl
½ TL Vanille, gemahlen
2 Eier
40 g geschmolzene Butter
3 EL frische Lavendelblüten, grob gehackt
½ TL Weinstein-Backpulver

Gemüsesuppe à la Provençe

Zwiebel und Knoblauch im Olivenöl glasig dünsten, Gemüsebrühe angießen. Gemüse und Kräuter dazugeben, zum Kochen bringen, bei geringer Hitze etwa 20 Minuten garen lassen und mit Salz und Pfeffer abschmecken.
Dazu gibt's Stangenbrot und Kräuterbutter.

1 Zwiebel, gehackt
1 Knoblauchzehe, zerdrückt
2 EL Olivenöl
1 l Gemüsebrühe
1 Bund Suppengrün, klein geschnitten
100 g grüne Bohnen, klein geschnitten
4 mittelgroße Kartoffeln, geschält und gewürfelt
1 TL Provençekräuter
1 TL Lavendelblätter, grob gehackt
Salz
Pfeffer

Lavendelmilch

Milch mit Anissamen und Lavendelblüten vorsichtig erhitzen und eine Viertelstunde ziehen lassen. Durch ein Teesieb gießen und mit Kardamom und Honig verrühren.

Ein wunderbarer Seelentröster für den Abend.

1 großes Glas Milch
½ TL Anissamen
½ TL Lavendelblüten
1 Prise gemahlener Kardamom
1 TL Honig

Thymian

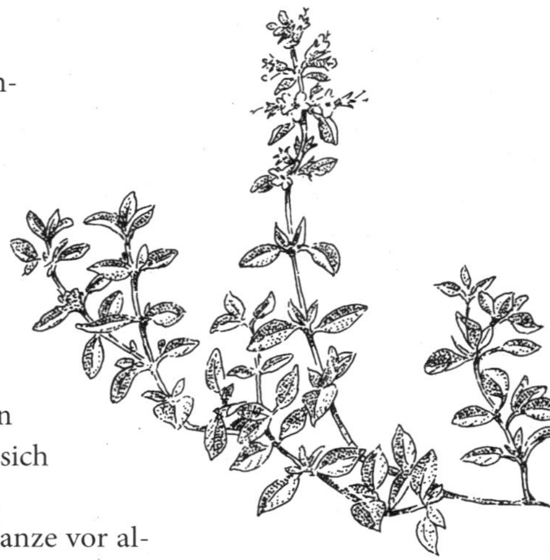

Der auf den ersten Blick eher unscheinbare Thymian ist klein, aber von großer Wirkung. Als niedriger Bodendecker überzieht er in den Mittelmeerländern ganze Hügelketten mit seinem einzigartigen Duft. Seine Heilkraft ist legendär und offenbar selbst im Tierreich bekannt: Ameisen siedeln sich gerne unter Thymian an, um sich vor Krankheitserregern zu schützen.

Schon im Altertum war die Pflanze vor allem zu kultischen Zwecken sehr geschätzt. Die Ägypter kannten seine antiseptischen und konservierenden Eigenschaften und benutzten ihn für Einbalsamierungen. Den Griechen galt er als Sinnbild der Eleganz. Von einem stilvollen Menschen sagten sie: »Er duftet nach Thymian.« Der Name *Thymus vulgaris* leitet sich vom griechischen Wort *thymon* (»Mut«) her, und auch später wurde der Thymian immer wieder mit Tapferkeit in Verbindung gebracht. Römische Soldaten badeten in Thymianwasser, um sich dadurch für bevorstehende Schlachten zu stählen. Im Mittelalter stickten adelige Damen Thymianzweige auf zarte Tüchlein, die sie ihren Rittern als Liebespfand mit auf den Weg in den Kampf gaben.

Der stark ästige, 10 – 40 Zentimeter hohe Halbstrauch gehört zur Familie der Lippenblütler *(Labiatae)*. An den verholzten Stängeln trägt er kleine, elliptische, gegenständig angeordnete Blätter. Von Mai bis Oktober zieht er mit seinen rosaroten bis dunkelvioletten Blüten Bienen an und spendet einen köstlich würzigen Honig.

Thymian lässt sich am besten durch Stockteilung im Frühjahr vermehren und braucht einen leichten, sandigen, kalkhaltigen Boden in sonniger Lage. Es gibt viele dekorative und buntblättrige Arten und Sorten, auch solche mit einem ausgeprägten Zitronen- oder gar Ananasaroma. Auf der Kräuterspirale sollte er einen Platz in der oberen mediterranen Zone bekommen, wobei darauf zu achten ist, dass das kleinwüchsige Kraut nicht von raumgreifenden Nachbarn bedrängt wird. Am Rand, wo er nach außen über die Steine wachsen kann, gefällt es ihm oft am besten. Sind die Ritzen zwischen den Steinen groß genug, kann er aber auch dort einen Platz bekommen. Auf diese Weise lassen sich auch mehrere Thymiansorten auf einer Spirale unterbringen.

Geerntet werden die Blätter kurz vor der Blüte, und zwar am besten mittags, wenn die Sonne am höchsten steht und sie besonders aromatisch sind. Sie lassen sich leicht vom holzigen Stängel reiben. Thymiankraut enthält ein sehr charakteristisches ätherisches Öl, außerdem Gerb- und Bitterstoffe, Saponine, Flavone und andere Substanzen. Durch das Trocknen wird das Aroma intensiver.

Thymian wirkt desinfizierend, schleimlösend und krampfstillend. In der Naturheilkunde wird er vor allem gegen Bronchitis, Asthma, Erkältungskrankheiten, Keuch- und Krampfhusten, aber auch bei Verdauungsstörungen und bei Blasen- und Nierenentzündungen verschrieben.

Als Gewürz gewann der Thymian erst im Mittelalter Bedeutung. Heute ist er aus der mediterranen Küche nicht mehr wegzudenken, gilt als Bestandteil von »Fines Herbes«, »Herbes de Provençe« und »Bouquet garni«. Aber auch in den Balkanländern, in Afrika und in Mitteleuropa zählt er zu den beliebtesten Gewürzen. Er unterstützt die Verdauung fetter Speisen, passt besonders gut zu Käse, Hülsenfrüchten und gegrilltem Gemüse, aber auch zu Obstsalaten und Marmeladen. Auch die kleinen Blüten sind essbar und eine hübsche Verzierung für leichte Speisen.

Tipps für die Hausapotheke:

Thymiantee gegen Husten und Halsweh: 2 Teelöffel Thymian mit 500 ml Wasser zum Sieden bringen, 5 Minuten ziehen lassen, abseihen, nach Geschmack mit Honig süßen und noch warm trinken.

Massageöl: Einige Tropfen Thymianöl in ¼ Tasse Olivenöl geben und bei Erkältung in Hals und Oberkörper einmassieren.

Tipps für die Küche:

- Wenden Sie kleine geschälte Kartoffeln in Olivenöl mit Thymian und backen Sie sie anschließend auf dem Backblech gar.
- Geben Sie Zitronenthymian in Obstsalat oder Rote Grütze.
- Probieren Sie als Alternative zu Tomaten mit Mozzarella einmal Tomaten mit Tofu, Leinöl und Thymian.

Spaghetti Napoli

500 g Vollkornspaghetti
Salz
1 kg reife Tomaten
1 Zwiebel, gehackt
1 Knoblauchzehe, zerdrückt
2 EL Butter oder Margarine
1 Zweig Thymian
Salz
Pfeffer
Zucker
50 g Parmesan, frisch gerieben

Vollkornspaghetti in reichlich Salzwasser bissfest kochen und abtropfen lassen. Tomaten häuten, Blütenansätze entfernen und in grobe Stücke schneiden. Zwiebel und Knoblauch in Butter oder Margarine glasig dünsten. Tomaten und Thymianblättchen dazugeben und etwa eine Viertelstunde einkochen lassen. Sauce mit Salz, Pfeffer und Zucker abschmecken und mit Spaghetti und Parmesan servieren.

Ein edler Klassiker, oft als Schnell- und Fertiggericht missbraucht, den es mit einer Sauce aus sonnengereiften Tomaten, frischem Thymian und echtem Parmesan neu zu entdecken gilt. Mit 1 Liter Gemüsebrühe und etwas saurer Sahne lässt sich die Sauce übrigens auch zu einer leckeren Tomatensuppe strecken.

Grünkernbratlinge mit Thymian

300 g Grünkern, grob geschrotet
¼ l Gemüsebrühe
2 Zwiebeln, gehackt
2 Knoblauchzehen, zerdrückt
2 EL Butter oder Margarine
2 Eier
100 g Räucherkäse, in feine Würfel geschnitten
2 EL Thymian, gehackt
1 TL Rosenpaprikapulver
Öl zum Braten

Grünkernschrot in der Brühe mindestens eine halbe Stunde quellen lassen. Unter Umrühren aufkochen und auf der abgeschalteten Platte ausquellen und abkühlen lassen. Zwiebeln und Knoblauch in der Butter oder Margarine glasig dünsten. Grünkern mit Eiern, Zwiebeln, Käse, Thymian und Paprikapulver mischen und mit nassen Händen zu Bratlingen formen. In reichlich Öl knusprig braun braten.

Brokkolisuppe mit Thymian

Zwiebeln in der Butter oder Margarine glasig dünsten. Brokkoli und Kartoffeln zugeben, Gemüsebrühe angießen und 20 Minuten kochen lassen. Im Mixer oder mit dem Pürierstab pürieren. Sahne und gehackten Thymian einrühren und mit Salz und Pfeffer abschmecken. Körnigen Frischkäse, Sellerie und Knoblauch verrühren, jeweils einen Klacks auf die Suppe setzen und mit Thymianblättchen bestreuen.

2 Zwiebeln, gehackt
1 EL Butter oder Margarine
400 g Brokkoli
4 Kartoffeln, geschält und gewürfelt
1 l Gemüsebrühe
100 ml Schlagsahne
2 EL Thymianblätter, fein gewiegt
Salz, Pfeffer
4 EL körniger Frischkäse
2 Stangen Staudensellerie, in feine Streifen geschnitten
1 Knoblauchzehe, zerdrückt
einige Thymianblättchen zum Garnieren

Überraschungspäckchen vom Grill

Vier ausreichend große Stücke Alufolie in der Mitte jeweils mit 1 EL Olivenöl bestreichen und zu gleichen Teilen mit Schafskäse oder Tofu, Tomaten, Champignons, Zucchini, Zwiebeln und Oliven belegen. Kräftig mit Salz und Grillgewürz bestreuen. Vier Stängel Thymian zur Seite legen. Die restlichen Thymianblättchen von den Stängeln zupfen, im Mörser kräftig andrücken und über die Gemüsehäufchen streuen. Zum Schluss auf jedes Häufchen einen Stängel Thymian legen. Die Alufolie sorgfältig zu einem dichten Päckchen falten, damit kein Saft austreten kann. Dicht über der Glut 10 – 15 Minuten grillen.

Ein schönes Mitbringsel zur Grillparty, das erfahrungsgemäß auch bei nichtvegetarischen Grillgästen reißenden Absatz findet.

4 EL Olivenöl
400 g Schafskäse oder Tofu
4 große Tomaten, in Scheiben geschnitten
4 größere Champignons, in Scheiben geschnitten
2 kleinere Zucchini, in Würfel geschnitten
1 Zwiebel, in Ringe geschnitten
8 schwarze Oliven, entsteint
Salz
Grillgewürz
1 Bund Thymian
Alufolie zum Verpacken

Oregano

Origanum vulgare, auch »Dost« oder »Wilder Majoran« genannt, wurde bei uns vor allem als Pizzagewürz bekannt und gilt vielen deshalb als typisch italienisches Gewürz. Sein Name kommt aber aus dem Griechischen und bedeutet »Freude der Berge«, denn *oros* heißt »Berg« und *ganos* »Freude«. Jeder, der schon einmal in Griechenland gewandert ist, die mit Oregano bewachsenen Berghänge gesehen und ihren Duft in der Nase gespürt hat, weiß, wie die Griechen auf diesen Namen gekommen sind.

Der freudige Aspekt bestimmte auch die symbolische Deutung. In der Antike galt Oregano als Sinnbild des Glücks. Sowohl in Griechenland als auch in Rom schmückten Braut und Bräutigam sich mit Oreganokränzen.

Berghänge, Gebüschsäume und lichte Wälder sind die bevorzugten Siedlungsgebiete des Oregano, weshalb er an einem abschüssigen Sonnenplatz auf der Kräuterspirale auch so gut aufgehoben ist. Das buschige, mehrjährige Kraut gehört zur Familie der Lippenblütler *(Labiatae).* Seinem engen Verwandten, dem einjährigen Majoran, sieht er recht ähnlich. Die harten, rötlichen Stängel wachsen bis zu 70 Zentimeter hoch. Die länglichen Blätter sind grau- bis dunkelgrün und fein behaart. Ab Juni sprießen die bei den Bienen sehr beliebten blassroten bis violetten Blüten.

Oregano kann im zeitigen Frühjahr unter Glas aus Samen gezogen und ab Mai ins Freiland gesetzt werden. Einfacher ist die Teilung alter Stöcke, am besten im Frühjahr, auch die Vermehrung durch Stecklinge ist möglich.

Frische Blätter können laufend geerntet werden. Auch frische Oreganoblüten sind essbar und bestechen durch einen würzigen, leicht minzigen Geschmack. Anders als viele andere Kräuterpflanzen, entwickelt der Oregano sein volles Aroma nicht vor, sondern während der Blüte. Zum Trocknen schneidet man daher die nicht verholzten Stängelspitzen des blühenden Oreganobusches, hängt sie kopfüber in Sträußen auf und verwahrt sie später in Schraubgläsern.

Die Heilkräfte des Oregano waren schon im alten Ägypten bekannt. In früheren Zeiten wurde er vor allem zum Konservieren von Nahrungsmitteln verwendet. So enthält er eine antioxidativ wirkende Substanz, die das Ranzigwerden von Speiseöl und anderen Nahrungsfetten verhindert. Oregano wirkt appetitanregend, verdauungsfördernd, hat antibakterielle und desinfizierende Eigenschaften. Wegen seiner positiven Wirkung auf die Verdauung eignet er sich besonders gut zum Würzen fetter Speisen. Oreganotee soll bei Erkältung (vor allem bei Bronchialhusten) und nervösem Kopfweh helfen.

Oregano schmeckt ähnlich wie der nicht winterharte Majoran, aber ursprünglicher, wilder und herber. Er passt sehr gut zu Käse, Suppen, Nudelgerichten, Tomatensaucen, Pizza, Auberginen und Zucchini, Kartoffelsuppen, Eier- und Quarkgerichten. Sein starkes Aroma empfiehlt ihn als Alleingewürz. Wie der herzhafte Kräuterkuchen bei den folgenden Rezepten zeigt, harmoniert er aber auch gut mit anderen Mittelmeerkräutern. Nur bei gleichzeitiger Verwendung mit dem allzu ähnlichen Majoran kann es zu Dissonanzen kommen.

Lösen wir uns von der Pizzagewürz-Schublade, lassen wir uns vom wild-herben Aroma des Oregano zu neuen Gaumenfreuden inspirieren und machen wir so aus der »Freude der Berge« die »Freude der Kräuterspirale«.

Tipps für die Hausapotheke:

Oreganotee: 15 g Oreganokraut mit 1 Liter kochendem Wasser überbrühen, 10 Minuten ziehen lassen und abseihen.

Tipps für die Küche:

- ▷ Um einen feinwürzigen, herrlich rosafarbenen Essig zu bekommen, legen Sie frische Oreganoblüten in Weißweinessig ein.
- ▷ Marinieren Sie Gemüse oder Tofu zum Grillen in einer Mischung aus Olivenöl, Oregano und zerdrücktem Knoblauch.
- ▷ Belegen Sie eine Pizza mit Ziegenfrischkäse, eingelegten Trockentomaten und frischen Oreganoblüten.
- ▷ Probieren Sie eine Tomatensauce mit Kapern, Oregano und Basilikum.

Oregano-Kartoffel-Pfanne

1 kg Kartoffeln, gekocht, gepellt und in Scheiben geschnitten
4 EL Olivenöl
1 rote Paprikaschote, gewürfelt
2 Zwiebeln, in dünne Ringe geschnitten
Salz
Cayennepfeffer
100 g grüne und schwarze Oliven
1 Bund Oregano, die Blättchen von den Stielen gezupft

Kartoffelscheiben im Öl von allen Seiten kräftig anbraten. Paprika und Zwiebeln dazugeben und einige Minuten mitbraten. Mit Salz und Cayennepfeffer kräftig würzen. Oliven unterrühren, mit den Oreganoblättchen bestreuen und sofort servieren.

Mediterraner Kräuterkuchen

150 g Weizenmehl
1 TL Salz
75 g Butter oder Margarine
3 Eier
1 EL kaltes Wasser
4 Stängel Oregano, fein gehackt
1 EL Thymianblättchen, vom Stängel gezupft
1 EL Rosmarinblättchen, vom Stängel gezupft
100 ml Schlagsahne
3 EL Milch
Salz
Pfeffer
Muskatnuss, gerieben

Mehl und Salz in eine Schüssel geben, Butter oder Margarine in Flocken zugeben, mit einem Ei und dem kalten Wasser zu einem Mürbeteig verkneten und etwa eine halbe Stunde kalt stellen. Gut zwei Drittel des Teigs auf dem Boden einer gefetteten Springform ausrollen, das restliche Drittel zu einer langen Schlange rollen und daraus einen etwa 1 Zentimeter hohen Rand formen. Den Teig mit einer Gabel mehrmals einstechen und bei 180 – 200 °C 10 Minuten vorbacken. Zwei Drittel der Kräuter auf den Teig streuen. Restliche Eier mit Sahne, Milch, Salz, Pfeffer und Muskatnuss verquirlen und über die Kräuter gießen. Bei 180 – 200 °C etwa 15 Minuten backen, bis die Eifüllung fest ist. Mit den restlichen Kräutern bestreuen und noch warm servieren.

Schupfnudeln mit frischen Kräutern

500 g mehlige Kartoffeln, gekocht und gepellt
250 g Weizenmehl, Type 1050
50 g Weizengrieß
2 Eier
Muskatnuss, gerieben
Salz
Pfeffer
etwas Mehl zum »Schupfen«
etwas Öl für das Kochwasser
2 Knoblauchzehen, in feine Scheiben geschnitten
½ Bund Oregano
1 Zweig Rosmarin
1 Zweig Thymian
7 Salbeiblättchen
7 Lavendelnadeln
2 EL Butter

Kartoffeln stampfen oder durch eine »Flotte Lotte« passieren. Mit Mehl, Grieß und Eiern zu einem festen Teig verkneten und mit Muskat, Salz und Pfeffer würzen. Einen tiefen Teller gut bedeckt mit Mehl füllen. Den Teig zu etwa 2 Zentimeter dicken Rollen formen, davon etwa 1 Zentimeter lange Stücke abschneiden. Diese Teigstückchen zwischen den bemehlten Handflächen kräftig rollen und in den tiefen Teller mit Mehl fallen lassen (»schupfen«). Die ideale Schupfnudel ist in der Mitte dick und an den Enden spitz. Die Schupfnudeln auf einem bemehlten Brett mit ausreichend Abstand zwischenlagern, damit sie nicht aneinanderkleben. In siedendem Salzwasser mit einem Schuss Öl so lange kochen, bis sie an die Oberfläche steigen (etwa 5 Minuten), mit einem Schaumlöffel herausheben und gut abtropfen lassen (evtl. mit kaltem Wasser abschrecken, damit sie nicht aneinanderkleben). Knoblauch und Kräuter in die heiße Butter geben und die Schupfnudeln darin kräftig rösten, bis sie schön goldbraun geworden sind.
Dazu gibt's einen bunten Blattsalat.

Kräutertofu mit Pellkartoffeln

1 kg neue Kartoffeln
Salz
500 g Tofu
100 ml Leinöl
⅛ l Milch oder Sojadrink
etwas Zitronensaft
Kräutersalz
1 Zwiebel, fein gehackt
1 Bund Oregano, fein gehackt
1 Bund Petersilie oder Kresse, fein gehackt

Kartoffeln in der Schale 15 – 20 Minuten in Salzwasser bissfest kochen. Tofu mit Leinöl und Milch oder Sojadrink verrühren, im Mixer oder mit dem Pürierstab pürieren und mit Zitronensaft und Kräutersalz würzen. Zwiebel und Kräuter unterziehen. Den Kräutertofu zu den heißen Pellkartoffeln servieren.

Rucola

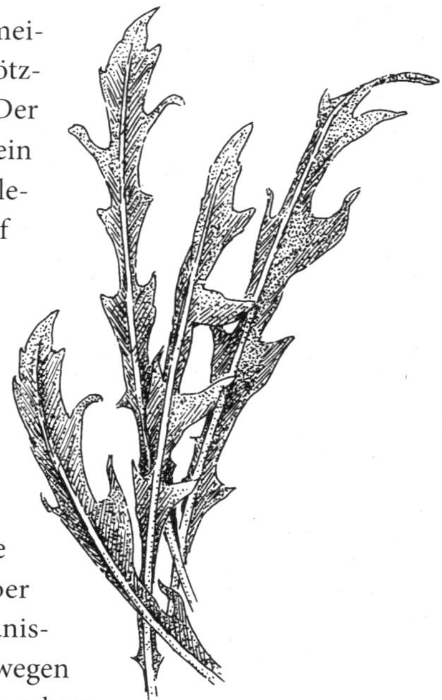

Kräuterpflanzen sind zeitlos, sollte man meinen. Doch auch uralte Kräuter können plötzlich wieder ganz groß in Mode kommen. Der Rucolasalat ist dafür ein gutes Beispiel. Seit ein paar Jahren ist er fast so etwas wie ein Lifestyle-Produkt. Und das hat sein Gutes – wurde auf diese Weise doch nicht nur ein gesundes, sondern auch ein besonders pikantes Kraut wiederentdeckt, das unserer Kreativität in der Küche viele neue Impulse geben kann.

Eruca sativa, im deutschen Sprachraum auch »Rauke«, »Ölrauke« oder »Persischer Senf« genannt, ist eine uralte Kulturpflanze, die im Mittelmeergebiet über Kleinasien und Armenien bis nach Afghanistan wild wachsend angetroffen wird und wegen ihres auffallenden Geruchs und Geschmacks schon von den Römern geschätzt wurde. In Asien wird sie vornehmlich als Öl-, in Indien als Senf- und in Europa als Würz- und Salatpflanze angebaut. Seit Langem beliebt ist sie in der französischen und italienischen Küche. Bei uns wurde sie in den letzten Jahren so populär, dass man frischen Rucolasalat inzwischen sogar in den Gemüseabteilungen von Supermärkten kaufen kann. Der Nitratgehalt konventionell angebauten Rucolas ist jedoch oft hoch. Wenn Sie Rucolasalat kaufen, sollten Sie daher lieber zu Bioware greifen. Das Beste vom Besten ist natürlich Rucola von der eigenen Kräuterspirale!

Rucola gehört zur Familie der Kreuzblütler *(Brassicaceae),* kann ein- oder mehrjährig sein und wächst 20 – 50 Zentimeter hoch. Die glatten, löwenzahnähnlichen Blätter sind bei würzigen Sorten schmal, bei für Salat gezogenen Pflanzen deutlich breiter. Die hübschen weißlichen Blüten sind hellgelb und violett geadert. Die Früchte sind dem Stängel angedrückte, 15 – 40 Zentimeter lange Schoten, die an der Spitze einen schwertförmigen Schnabel tragen.

Rucola mag es gern etwas nährstoffreicher und warm mit lichtem Schatten. Im oberen, aber nicht mehr so sandig mageren Bereich der Kräuterspirale ist er daher gut aufgehoben. Einjährige Sorten sind frostempfindlich und werden wie Kresse im zeitigen Frühjahr ausgesät und als Salatpflanze gezogen. Für die Kräuterspirale bieten sich ausdauernde Sorten an, die im Frühjahr durch Wurzelteilung vermehrt werden können.

Geerntet werden die jungen Blätter vor der Blüte, die grundsätzlich frisch verwendet werden. Ausdauernden Rucola können Sie stets aufs Neue abschneiden und kurzhalten wie Schnittlauch, er wächst immer wieder nach. Wegen der hübschen Blüten und interessanten Früchte lohnt es sich, einige Stängel blühen und ausreifen zu lassen. Die Blüten sind ebenfalls essbar und eine schöne Verzierung für grünen Salat.

Die kleinen, glatten, braunen Rucolasamen enthalten ein scharf schmeckendes Senföl, das abgepresst und ähnlich wie Rapsöl zu Speise-, Brenn- oder Schmieröl verarbeitet wird. Asiatisches Raukenöl ist goldgelb bis goldbraun. In Indien nimmt man es zum Einlegen von Gemüse.

Gesund ist Rucola wegen des hohen Gehalts an Vitamin C sowie anderen Vitaminen und Mineralien. Die Bitterstoffe wirken verdauungsfördernd. Rucola gilt als wertvolles Mittel gegen Appetitlosigkeit und Frühjahrsmüdigkeit. Probieren Sie selbst: Sein scharf-würziger Geschmack kann selbst die müdesten Lebensgeister wecken.

Tipps für die Küche:

- ▷ Genießen Sie den klassischen Rucolasalat mit Olivenöl, Balsamico-Essig, Salz, Pfeffer und hauchdünn gehobeltem Parmesan.
- ▷ Erweitern Sie den Salat um Tomaten und in Scheiben geschnittene Pellkartoffeln und rühren Sie dazu eine Sauce aus Senf, Balsamico-Essig und Kürbiskernöl an.
- ▷ Unterstreichen Sie den nussigen Geschmack des Rucolasalats durch eine Vinaigrette mit Walnussöl.
- ▷ Verwenden Sie für den beliebten Insalata Caprese (Tomaten mit Mozzarella) einmal Rucola statt Basilikum.
- ▷ Streuen Sie fein gehackte Rucolablätter auf ein Butterbrot – der pure Genuss!

Cannelloni mit Rucolafüllung

200 g Rucolablätter, fein geschnitten
50 g Champignons, klein geschnitten
1 Zwiebel, klein gehackt
1 Knoblauchzehe, zerdrückt
1 EL Olivenöl
200 g körniger Frischkäse
Kräutersalz
Pfeffer
500 g Tomaten, gehäutet und klein geschnitten
2 EL Tomatenmark
Salz, Pfeffer, Paprikapulver, getr. Oregano
1 EL Butter oder Margarine
2 EL Weizenvollkornmehl
200 ml Milch
Muskatnuss, gerieben
8 – 12 Cannelloni
100 g Schafskäse, fein zerbröselt

Rucola, Champignons, Zwiebel und Knoblauch im Olivenöl weich dünsten, abkühlen lassen und mit dem körnigen Frischkäse vermischen. Mit Kräutersalz und Pfeffer würzen. Tomaten mit Tomatenmark aufkochen, mit Salz, Pfeffer, Paprika und Oregano abschmecken und etwas einköcheln lassen. Für die Béchamelsauce Butter oder Margarine mit Mehl anschwitzen, Milch zugießen und unter ständigem Rühren aufkochen lassen. Mit Salz und Muskatnuss würzen. Die Tomatensauce in eine Auflaufform gießen. Die Cannelloni mit der Rucola-Käse-Mischung füllen und nebeneinander in die Tomatensauce legen. Mit der Béchamelsauce begießen und mit dem Schafskäse bestreuen. Bei 180 – 200 °C etwa 30 Minuten backen.

Rucolapesto

150 ml Olivenöl
2 Knoblauchzehen, gehackt
150 g Rucolablätter, in Streifen geschnitten
80 g Parmesan am Stück
40 g Pinienkerne, gemahlen

Olivenöl, Knoblauch und Rucola im Mixer oder mit dem Pürierstab pürieren. Parmesankäse sehr fein reiben und gemeinsam mit den gemahlenen Pinienkernen unterrühren. Das würzig herbe Pesto passt hervorragend zu Gnocchi oder Nudeln.

Pizza Rucola

500 g Weizen-vollkornmehl
1 Päckchen Trockenhefe
1 Ei
5 EL Olivenöl
1 TL Zucker
1 TL Salz
¼ l lauwarmes Wasser
8 EL Olivenöl
700 g Tomaten, überbrüht, gehäutet und klein gehackt
200 g Parmesan, grob gerieben
3 EL Balsamico-Essig
Salz
Pfeffer
1 Prise Vollrohrucker
1 Bund Rucola

Mehl und Hefe mischen. Mit Ei, Öl, Zucker und Salz sowie dem lauwarmem Wasser zu einem geschmeidigen Teig verkneten. An einem warmen Ort zugedeckt eine Stunde gehen lassen. Anschließend auf einem gefetteten Backblech ausrollen und mit der Hälfte des Olivenöls bepinseln. Tomaten auf den Teig streichen und mit dem Parmesan bestreuen. Im leicht angewärmten Ofen noch einmal eine halbe Stunde gehen lassen, anschließend bei 200 – 220 °C etwa 30 Minuten backen.
In der Zwischenzeit restliches Öl mit Essig vermischen, mit Salz, Pfeffer und einer Prise Zucker würzen und die Rucolablätter hineingeben. Zum Schluss die Rucolablätter auf der heißen Pizza verteilen und diese sofort servieren.

Bratkartoffeln mit Avocado-Rucola-Creme

1 kg Kartoffeln, gekocht
Butter oder Margarine
2 große, reife Avocados
2 EL Zitronensaft
100 g Rucolablätter, fein gehackt
50 g Sauerampferblätter
1 Bund Basilikum
1 Bund Zitronenmelisse
150 ml Schlagsahne
Salz
Pfeffer

Kartoffeln in mundgerechte Stücke schneiden und in der Butter oder Margarine bei mittlerer Hitze knusprig braten. Avocados im Mixer oder mit dem Pürierstab pürieren und mit Zitronensaft verrühren. Kräuter fein hacken und untermengen. Schlagsahne steif schlagen und vorsichtig unterziehen. Mit Salz und Pfeffer würzen und zu den Bratkartoffeln servieren.

Ysop

»Reinige mich mit Ysop, und ich werde rein sein; wasche mich, und ich werde weißer sein als Schnee«, heißt es in der Bibel (Psalm 51, Vers 7). Von den Persern wissen wir, dass sie die Wunden von Soldaten mit Ysopblättern bedeckten. Wie so oft haben solche Überlieferungen einen wahren Kern: Die moderne Forschung stellte fest, dass nicht nur die Inhaltsstoffe der Ysopblätter antibakteriell wirken, sondern auch ein auf den Blättern der Ysoppflanze wachsender Pilz Penicillin produziert und so womöglich antibiotisch schützen kann.

Ysop wächst im Mittelmeerraum sowie in Südwest- und Zentralasien wild an warmen, trockenen, felsigen Hängen. In den arabischen Ländern wird er seit alters her kultiviert. Der römische Schriftsteller Plinius erwähnt einen aus Ysop hergestellten Wein. Nach Mitteleuropa brachten ihn im 10. Jahrhundert die Benediktinermönche, die ihn zur Aromatisierung ihres Likörs benutzten. Von den Klostergärten wanderte er in die Bauerngärten und mancherorts sogar in die freie Natur.

Hyssopus officinalis ist ein immergrüner, verzweigter Halbstrauch, der 30 – 60 Zentimeter hoch werden kann und zur Familie der Lippenblütler *(Labiatae)* gehört. An den holzigen, vierkantigen, im unteren Bereich verholzten Stängeln sitzen schmale, glänzende, dunkelgrüne Blätter. Von Juli bis September sprießen in den Achseln der Blätter rosa, blaue oder weiße Blüten – nach dem eifrigen Gesumme zu urteilen, ein wahrer Festschmaus für die Bienen!

Vermehrt wird Ysop am besten durch Stockteilung im April oder September. Aber auch die Aussaat oder die Vermehrung durch Stecklinge ist möglich. Das sehr dekorative, darüber hinaus noch Läuse, Raupen und Schnecken vertreibende Kraut braucht einen leichten, kalkhaltigen Boden in trockener sonniger Lage. Im oberen bis mittleren Teil der Kräuterspirale ist es daher gut aufgehoben.

Die jungen Blätter können ständig geerntet werden. Zum Trocknen werden sie von den Stängeln abgerebelt und in dünner Schicht im Schatten ausgebreitet. Das getrocknete Kraut muss gut verschlossen aufbewahrt werden, da das Aroma sonst schnell verloren geht. Ysopblätter schmecken minzig und leicht bitter. Auch die Blüten sind essbar und eine echte Augenweide.

Durch sein ätherisches Öl, seine Gerb- und Bitterstoffe und den Farbstoff Hyssopin wirkt der Ysop antibakteriell, magenstärkend, appetitanregend und verdauungsfördernd. Traditionell wird er auch bei Asthma, chronischer Bronchitis und Ohrenschmerzen angewendet. Er wirkt schweißhemmend und wird als Gurgelmittel benutzt. Die frischen Blätter sind reich an Vitamin C und eignen sich besonders gut als Zutat für einen gesunden Salat. Bis heute ist Ysop Bestandteil vieler Magenliköre. Im Orient wird aus gegorenen Ysopblättern das leicht alkoholische, kühle Getränk »Scherbett« bereitet.

Tipps für Kosmetik und Hausapotheke:

Ysoptee: 2 Teelöffel Ysopblätter mit 1 Liter kaltem Wasser ansetzen und zum Sieden bringen, 5 Minuten ziehen lassen und abseihen. Innerlich bei Halsentzündungen, äußerlich bei kleinen Wunden, Insektenstichen und leichten Verbrennungen.

Ysop-Salbei-Tee: 1 Teelöffel Ysopblätter und 1 Teelöffel Salbeiblätter mit 1 Liter kaltem Wasser ansetzen und zum Sieden bringen, 5 Minuten ziehen lassen, abseihen und mit Honig süßen. Eine Wohltat bei Erkältungen.

Gesichtswasser: 1 Esslöffel frische Ysopblätter und -blüten mit 1 Tasse kochendem Wasser überbrühen, 10 Minuten ziehen lassen, abseihen und kühl stellen. Gegen fettige Haut.

Tipps für die Küche:

- ▷ Mischen Sie eine Vinaigrette aus Rapsöl, Weißweinessig, Salz, Pfeffer und Ysopblüten.
- ▷ Reichen Sie zu Roter Grütze eine Ysopsahne aus geschlagener Sahne mit Zucker, Vanille und fein gehackten Ysopblättern.
- ▷ Geben Sie Ysopblüten in einen Eiswürfelbereiter und füllen Sie mit Wasser auf. Die im Eis eingeschlossenen Blüten verschönern alle Arten von Säften und alkoholischen Drinks.
- ▷ Streuen Sie frisches Ysopkraut über Pfirsich- oder Aprikosenkuchen.

Pilzragout mit Ysop

2 Möhren, in schmale Scheiben geschnitten
2 Stangen Staudensellerie, in schmale Streifen geschnitten
1 Bund Frühlingszwiebeln, in Ringe geschnitten
2 EL Butter oder Margarine
500 g gemischte Pilze (z. B. Austernpilze, Egerlinge, Steinpilze, Champignons)
4 Tomaten, gehäutet und klein geschnitten
etwas Gemüsebrühe
100 ml Schlagsahne
Salz
Pfeffer
2 Stängel Ysop, gehackt

Möhren, Sellerie und Zwiebeln in der Butter oder der Margarine andünsten, Pilze dazugeben und einige Minuten mitdünsten lassen. Tomaten unterrühren, nach Bedarf etwas Brühe angießen und zugedeckt bei geringer Hitze etwa 15 Minuten garen lassen. Schlagsahne zugeben und mit Salz und Pfeffer würzen. Zum Schluss den Ysop einrühren und sofort servieren.

Dazu schmecken Vollkornnudeln und ein grüner Salat.

Kartoffelsuppe mit Ysop

750 g Kartoffeln, geschält und in Würfel geschnitten
2 Zwiebeln, gehackt
2 EL Butter oder Margarine
½ l Gemüsebrühe
½ l Milch
Salz
Pfeffer
1 EL Ysopblätter
1 TL Ysopblüten

Kartoffeln und Zwiebeln in der Butter oder Margarine andünsten. Brühe und Milch zugießen, zum Kochen bringen und eine Viertelstunde köcheln lassen. Im Mixer oder mit dem Pürierstab pürieren und mit Salz und Pfeffer abschmecken. Ysopblätter unterrühren (nicht mehr kochen!) und mit den Ysopblüten bestreut servieren.

Ysop-Erdbeer-Bowle

Ysopblätter im Mörser oder mit dem Rücken eines Messers andrücken, damit mehr Aroma austreten kann. Erdbeeren, Ysop, Zucker und eine halbe Flasche Amari vermischen und mindestens 3 Stunden ziehen lassen. Restlichen Amari und das Mineralwasser angießen und sofort servieren.

4 Stängel Ysop, die Blätter von den Stielen gezupft
500 g Erdbeeren, in Hälften geschnitten
2 EL Vollrohrzucker
0,75 l Amari Blanc (edler Trauben-Kräuter-Früchte-Drink aus dem Reformhaus, ersatzweise helle Bio-Limonade)
0,7 l Mineralwasser, gut gekühlt

Eine nichtalkoholische Bowle, die auch Kinder trinken können. Wenn Sie es lieber alkoholisch mögen, nehmen Sie statt Amari eine Flasche Weißwein und statt Mineralwasser eine Flasche gut gekühlten Sekt.

Ysop-Himbeer-Drink

Himbeeren vorsichtig erhitzen, bis der Saft austritt. Durch ein feines Sieb streichen und die Fruchtmasse ohne Kerne auffangen. Ysop im Mörser oder mit dem Rücken eines Messers andrücken, damit mehr Aroma austreten kann. Mit der Himbeermasse, Zucker und Zitronensaft mischen und kalt stellen. Kurz vor dem Servieren auf Eiswürfel in Gläser gießen und mit Mineralwasser auffüllen.

300 g Himbeeren
2 Stängel Ysop, die Blätter von den Stielen gezupft
1 EL Vollrohrzucker
1 TL Zitronensaft
Eiswürfel
0,7 l Mineralwasser

Den Ysop-Himbeer-Drink genießt man am besten gut gekühlt »on the rocks«.

Estragon

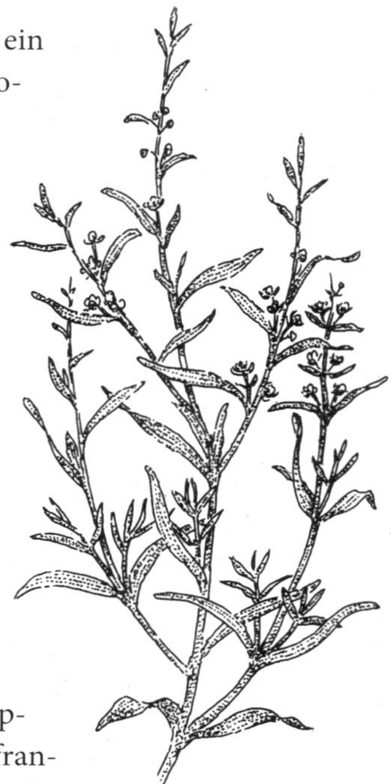

Auf jeder gut bestückten Kräuterspirale züngelt ein »kleiner Drache«. Das nämlich bedeutet die botanische Bezeichnung *Artemisia dracunculus*. Volkstümliche Namen wie »Drachen-« oder »Schlangenkraut« deuten auf den gleichen Aberglauben hin, den schon Plinius in seiner Naturkunde erwähnte: Um von Schlangen und Drachen nicht gebissen zu werden, trug man einen Stängel dieser Pflanze bei sich. Außerdem glaubte man, das »Drachenkraut« könne die Bisse giftiger Tiere heilen.

Ob der Estragon ursprünglich aus dem östlichen Mittelmeerraum oder aus Südostrussland stammt, ist noch ungeklärt. Die Kreuzfahrer sollen ihn mit nach Nord- und Mitteleuropa gebracht haben. Bis heute unterscheidet man zwischen dem russischen (weniger kälteempfindlichen und im Aroma bittereren) und dem französischen (nicht immer winterharten, anisartig süßlich schmeckenden) Estragon.

Die ausdauernde Estragonstaude aus der Familie der Korbblütler *(Asteraceae)* kann 60 – 120 Zentimeter hoch werden. An den runden, weitverzweigten Stängeln sitzen hellgrüne, schmale, bis zu sechs Zentimeter lange Blätter. Aus den Blattfurchen sprießen von August bis Oktober relativ unscheinbare, gelblich grünliche Blüten.

Im Garten zeigt sich der Estragon durchaus anspruchsvoll. Er steht gern sonnig und geschützt, braucht viel Wasser, verträgt aber keine stehende Nässe und findet deshalb auf einer Kräuterspirale mit guter Drainage genau die richtigen Standortbedingungen. Bis zu fünf Jahre lang kann er an der gleichen Stelle bleiben, dann sollte er geteilt und verpflanzt werden. Der französische Estragon bildet in unseren Breiten keine Samen aus und muss daher durch Stecklinge oder unterirdische Wurzelausläufer vermehrt werden. Im Herbst oder zeitigen Frühjahr können Sie Estragon auf etwa zehn Zentimeter zurückschneiden, was eine Verjüngung der Pflanze zur Folge hat. Eine dicke Mulchschicht hilft dem Estragon, auch im kühlen Mitteleuropa zu überwintern.

Würzig frische Estragonblätter können ständig geerntet werden. Vor der Blüte gepflückte, sorgfältig getrocknete Blätter behalten ein leichtes, süßes Aroma, wenn sie luftdicht und lichtgeschützt aufbewahrt werden.

Estragonblätter enthalten ein ätherisches Öl, Gerb- und Bitterstoffe, Betakarotin und Vitamin C, weshalb sie lange Zeit als Mittel gegen den Skorbut eingesetzt wurden. Ungewöhnlich ist der hohe Gehalt an Mineralstoffen und Jod. Estragon wirkt appetitanregend und verdauungsfördernd. Auch eine harntreibende, antisklerotische und Blutdruck senkende Wirkung wird ihm nachgesagt.

Aufgrund seines besonderen, bitter-süßlichen Aromas wurde er früh für die Küche entdeckt. Schon im 14. Jahrhundert empfahl Olivier des Serres französischen Köchinnen und Köchen die Verwendung von Estragon.

Von allen Bewohnern der Kräuterspirale ist der Estragon sicherlich das feinste Küchenkraut. So manchem Rezept der gehobenen Küche wie der berühmten Sauce béarnaise verleiht er eine unnachahmlich elegante Note. Rühren Sie seine frischen, zarten Blätter in edle Sahnesaucen, Marinaden, Suppen und Omelettes. Würzen Sie damit feine Gemüsegerichte mit Spargel, Lauch oder Paprika. Verwenden Sie ihn zum Aromatisieren von Essig und Senf. Ob sparsam dosiert in Gesellschaft anderer »Fines Herbes« oder als selbstbewusstes Alleingewürz – lassen Sie den »kleinen Drachen« auf Ihrer Zunge Funken sprühen!

Tipps für die Küche:

- ▷ Füllen Sie Avocados mit einer selbst gemachten Mayonnaise mit Estragon.
- ▷ Legen Sie Grillgemüse in einer Marinade aus Olivenöl, Balsamico-Essig, Dijonsenf und Estragon ein.
- ▷ Mischen Sie Schmelzkäse mit fein gehackten Estragonblättern, füllen Sie damit Champignons und Tomaten und überbacken Sie sie 20 Minuten im Ofen.
- ▷ Kauen Sie nach einem Knoblauchgericht ein paar frische Estragonblätter. So wird Ihr Atem schnell wieder gesellschaftsfähig.

Estragonsuppe

1 Zwiebel, grob gehackt
1 große Stange Lauch, in Ringe geschnitten
2 EL Butter oder Margarine
1 l Gemüsebrühe
3 Kartoffeln
100 ml Sahne
100 ml Milch
1 Bund Estragon, fein gewiegt
Kräutersalz
Pfeffer
einige Estragonblättchen zum Garnieren

Zwiebel und Lauch im Fett glasig braten. Mit Gemüsebrühe angießen. Kartoffeln schälen, in Stücke schneiden, in die Brühe geben und etwa 15 Minuten kochen lassen. In der Zwischenzeit die Hälfte der Sahne aufschlagen. Die Suppe von der Kochstelle nehmen und mit dem Pürierstab pürieren. Milch, restliche Sahne und Kräuter unterrühren. Mit Kräutersalz und Pfeffer abschmecken. Nicht mehr kochen! Beim Servieren auf jede Portion eine Sahnehaube aufsetzen und mit den Estragonblättchen garnieren.

Estragon-Rührei

8 Eier
8 EL Wasser
8 EL Milch
Salz
Pfeffer
1 Bund Estragon, fein gehackt
Butter oder Margarine zum Braten
100 g Parmesan

Eier, Wasser und Milch kräftig verquirlen und mit Salz und Pfeffer würzen. Estragon unterrühren und die Eimasse bei geringer Hitze in Butter oder Margarine anstocken lassen. Mit Parmesan bestreuen. Dazu schmeckt dunkles Vollkornbrot.

Lauchgemüse mit Estragon

Lauch in der Butter oder Margarine in einer Pfanne weich dünsten, Kichererbsen und Rosinen zugeben, Gemüsebrühe angießen und etwa 10 Minuten leise köcheln lassen. Frischkäse und Estragon unterrühren, mit Salz und Pfeffer würzen.

2 große Stangen Lauch, in feine Ringe geschnitten
1 EL Butter oder Margarine
250 g gekochte Kichererbsen
50 g Rosinen
200 ml Gemüsebrühe
100 g Frischkäse
4 Stängel Estragon, fein gehackt
Salz
Pfeffer

Estragonessig

Essig und Estragon in ein Gefäß geben, zugedeckt mindestens zwei Wochen stehen lassen, abseihen und in hübsche, fest verschließbare Flaschen geben. Auch sehr schön zum Verschenken!

Grundrezept:
1 l Weißweinessig
100 g Estragon

Essig-Variationen zum Ausprobieren:

- *100 g Estragon und 10 frische Himbeeren.*
- *100 g Würzmischung aus Estragon, Zitronenmelisse, Lindenblüten und Lorbeerblättern.*
- *100 g Würzmischung aus Estragon, Basilikum, Zitronenmelisse und frischen Schwarzen Johannisbeeren.*
- *100 g Würzmischung aus Estragon, Sellerieblättern, Blättern von Schwarzen Johannisbeeren, Lindenblüten und Lorbeerblättern.*
- *1 Stängel frischer Estragon, 1 kleine scharfe Chilischote, 1 in Scheiben geschnittene kleine Zwiebel, 1 Stängel Kerbelkraut, 1 kleine Holunderblütendolde und 7 Körner schwarzer Pfeffer.*

Pimpinelle

»Steinpetersilie«, »Pfefferwurzel«, »Bibernelle« – das Küchenkraut, von dem hier die Rede ist, hat viele Künstlernamen. Am schönsten finde ich die Bezeichnung »Kleiner Wiesenknopf«. Mit ihren lustigen roten Blütenkugeln kann man sich diese anspruchslose und doch äußerst dekorative Kräuterspiralenbewohnerin gut auf einer bunten Blumenwiese vorstellen.

Sanguisorba minor, so der hochoffizielle Titel, kommt denn auch tatsächlich in fast ganz Europa und Vorderasien wild wachsend auf Berghängen und trockenen, mageren Wiesen, an Rainen und lichten Trockenwäldern vor. Die Pimpinelle ist ausdauernd und gehört zur Familie der Rosengewächse *(Rosaceae).*

Ihre kantigen, gerillten Stängel können bis zu 60 Zentimeter hoch werden. Daran wachsen die paarig gefiederten, dunkel- bis silbriggrünen, gefiederten Blätter mit ihrer typischen Zähnung. Ab Mai bis in den Herbst hinein erscheinen dann die rosa- bis dunkelroten Blütenknöpfe. Sie enthalten keinen Nektar und sind deshalb beim Bestäuben ganz auf den Wind angewiesen. Beim ersten Frost erfrieren Blätter und Stängel, die Pflanze überwintert in ihrem spindelförmigen Wurzelstock und treibt im nächsten Frühjahr wieder aus.

Die Pimpinelle hat es gern trocken, kalkhaltig und sonnig, gedeiht aber ebenfalls im Halbschatten und ist auch sonst im Garten eher anspruchslos. Schneidet man sie im Sommer öfter zurück, bilden sich wieder frische zarte Blätter. Pimpinelle können Sie von Ende April bis Anfang August direkt ins Freiland säen. Wo sie sich wohlfühlt, samt sie sich selber aus.

Die jungen Blätter der Pimpinelle können laufend geerntet werden, am besten schmecken die allerersten Frühjahrstriebe. Leider eignen sich die Blätter nicht zum Trocknen. Eingefroren oder in Essig, Öl, Salz oder Zitronensaft eingelegt, kann man ihr würziges Aroma eher bewahren. Will man zu Heilzwecken die Wurzeln trocknen, kann man sie im Frühjahr oder Spätherbst ausgraben.

Die Blätter enthalten ätherische Öle, Gerb- und Bitterstoffe, Saponine und Vitamine. Sie wirken appetitanregend sowie stoffwechsel- und verdauungsfördernd. Im Mittelalter galt die Pimpinelle als Heilmittel gegen die Pest, weshalb sie weit verbreitet war. Heute wird Pimpinellentee in der Naturheilkunde bei Dünndarmentzündungen, Leber- und Gallenbeschwerden empfohlen. Aufgrund ihrer adstringierenden Eigenschaften wirkt Pimpinelle, äußerlich angewendet, positiv bei Entzündungen der Haut, z. B. bei Sonnenbrand. Bei Zahnfleischentzündungen wird mit einem aus der Wurzel gekochten Sud gegurgelt und gespült.

Pimpinellenblätter schmecken leicht scharf und saftig. Ihr Aroma erinnert an Borretsch und Gurken. In der Verwendung sind sie sehr vielseitig, sollten aber immer erst den fertigen Speisen zugefügt werden. Kocht man sie mit, verlieren sie ihr frisches Aroma.

Pimpinelle eignet sich zum Würzen von Salaten, Suppen, Quark, Eierspeisen, Mayonnaisen, Kräutersaucen und kühlen Getränken. In Spanien ist sie Bestandteil des »Ensalada italiana«, in Italien der würzigen »Salsa verde«. Ganz lecker schmecken aber auch einfach frisch gehackte Pimpinellenblätter auf einem herzhaften Butterbrot.

Tipps für die Hausapotheke:

Pimpinellentee: 20 g frische Blätter mit 1 Liter kochendem Wasser überbrühen, 5 Minuten ziehen lassen und abseihen.

Gurgellösung: 60 g zerkleinerte, getrocknete Pimpinellenwurzel in 1 Liter Wasser aufkochen, 30 Minuten ziehen lassen, abseihen und kühl stellen.

Tipps für die Küche:

- Probieren Sie die »Salsa verde« (Italiens Antwort auf die hessische Grüne Soße) aus Olivenöl, wenig Essig, Salz und Pfeffer und reichlich fein gewiegten Kräutern wie Pimpinelle, Estragon, Kerbel, Sauerampfer, Petersilie, Fenchel, Schnittlauch und einem kleinen Blättchen Liebstöckel.
- Backen Sie Quarkbratlinge aus zwei Teilen Quark, einem Teil Weizenvollkornmehl, 1 – 2 Eiern, Salz, Pfeffer und einem Bund fein gewiegter Pimpinelle in Sonnenblumenöl goldbraun aus.
- Mischen Sie aus frisch gehackten Pimpinellenblättchen, Olivenöl und Zitronensaft eine Würze für gegrillte Zucchini- und Auberginenscheiben.

Gefüllte Gurke mit Pimpinelle

1 Salatgurke
1 Bund Pimpinelle, fein gehackt
100 g Frischkäse
50 g Schafskäse
8 Radieschen, in dünne Stifte geschnitten
4 schwarze Oliven, entsteint und grob gehackt

Salatgurke der Länge nach halbieren, in etwa 7 Zentimeter lange Stücke schneiden und mit einem Melonenausstecher oder einem scharfkantigen Teelöffel aushöhlen. Gurkeninneres mit Pimpinelle sowie Frisch- und Schafskäse pürieren. Die Käsemasse in die ausgehöhlten Gurken füllen und mit Radieschen und Oliven garnieren.

Grüne Soße

4 Eier, hartgekocht
2 EL Öl
2 EL Senf
Pfeffer
Salz
Paprikapulver
1 Becher Schmand oder Crème fraiche
2 große Becher Dickmilch
3 Tassen sehr fein gewiegte Kräuter (Pimpinelle, Schnittlauch, Petersilie, Borretsch, Zitronenmelisse, Kerbel und Dill)

Die Eier pellen und in der Mitte durchschneiden, die Eigelbe herauslösen, in eine Schüssel geben, mit einer Gabel zerdrücken und mit Öl und Senf zu einer cremigen Masse verrühren. Mit Salz, Pfeffer und gemahlenem Paprika kräftig würzen. Schmand und Dickmilch dazugeben, die Eiweiße in kleine Stücke schneiden und ebenfalls unterrühren. Zum Schluss die Kräuter unterziehen und die Soße über Nacht zugedeckt stehen lassen.
Dazu gibt's frische Pellkartoffeln mit Butter und Salz.

Die Pimpinelle ist ein unverzichtbarer Bestandteil der hessischen Nationalspeise, der Grünen Soße. Am besten schmeckt die Soße, wenn man sie schon am Vortag zubereitet, damit sie so richtig gut durchziehen kann.

Pimpinelle-Kichererbsen-Salat

Kichererbsen, Paprika und Tomaten mischen, mit Zwiebelringen, Pimpinelle und Zitronenstückchen bestreuen und mit Öl, Essig, Salz und Pfeffer abschmecken.

250 g Kichererbsen, gekocht
1 grüne Paprika, gewürfelt
2 Tomaten, gewürfelt
1 Frühlingszwiebel, in feine Ringe geschnitten
1 Bund Pimpinelle, fein gehackt
½ Zitrone, geschält und fein geschnitten
2 EL Olivenöl
1 EL Balsamico-Essig
Salz
Pfeffer

Pimpinelle-Tomaten-Quark

Die Tomaten mit kochendem Wasser übergießen und schälen. Mit dem Tomatensaft und dem Schafskäse im Mixer oder mit dem Pürierstab fein pürieren. Pimpinelle, Zwiebel und Quark unterrühren und mit Salz und Pfeffer abschmecken.
Dazu schmecken neue Kartoffeln und knusprige Bratlinge.

5 Tomaten
1 Tasse Tomatensaft
100 g Schafskäse
1 Bund Pimpinelle, fein gehackt
1 große Zwiebel, fein gehackt
250 g Magerquark
Salz
Pfeffer

Petersilie

»Petersilie Suppenkraut, wächst in unserm Garten …« In fast allen Ländern der Welt zählt die Petersilie zu den beliebtesten Küchenkräutern.

Petroselinum crispum ist eine blattreiche zweijährige Pflanze aus der Familie der Doldenblütler *(Umbelliferae)*. Im ersten Jahr bilden sich auf kurzen Stielen sattgrüne, weiche und gefiederte Blattrosetten. Im zweiten Jahr sprießen bis zu 90 Zentimeter lange, kantige Blütenstängel mit gelben Blüten. Die Wurzeln sind möhrenartig verdickt und gelblich weiß, die Samen sehen dem Kümmel ähnlich. Da die Samenkörner aber giftig sind, sollten sie nicht in der Küche verwendet werden (Samentüten von kleinen Kindern fernhalten!). Je nach gewünschtem Schwerpunkt bei der Ernte wählt man Schnitt- oder Wurzelpetersilie. Glatte Petersilie ist aromatischer als krausblättrige.

Petersilie anzubauen ist nicht ganz einfach. Ein halbschattiger Platz mit nährstoffreichem, tiefgründigem Boden behagt ihr am besten. Lockern Sie den Boden auf, reichern Sie ihn mit ein paar Hand voll Kompost an und säen Sie die Petersilie ab März gleich an Ort und Stelle (Umpflanzungsversuche nimmt sie leicht übel). Bei der Standortwahl ist zu beachten, dass die Petersilie mit sich selbst unverträglich ist. Frühestens nach vier Jahren darf sie wieder an der gleichen Stelle stehen. Nach dem Säen heißt es, sich in Geduld üben, denn die Keimzeit kann bis zu vier Wochen betragen. Also nicht zu schnell aufgeben, den Samen feucht halten und den Boden niemals austrocknen lassen. Sind die ersten Blättchen zu sehen, muss täglich nach Schnecken ausgespäht werden, denn die aromatische Petersilie steht auf der Liste ihrer Lieblingsspeisen ganz weit oben. Sind die Schnecken erfolgreich vertrieben, kann die erste Ernte bald beginnen. Vor dem Einsetzen des Winters empfiehlt es sich, die Petersilie mit Fichten- oder Kiefernreisig zu bedecken, damit man noch lange frische Blätter ernten kann.

Petersilienblätter sollten eigentlich zu den frei verkäuflichen Multivitaminpräparaten gezählt werden. Sie enthalten viel Eisen, Magnesium,

Kalzium, Betakarotin und die Vitamine B_1, B_2, C und E. (2 EL gehackte Petersilie decken einen Großteil des täglichen Vitamin-C-Bedarfs!) Sie wirken blutreinigend, appetitanregend und harntreibend. Von alters her gilt die Petersilie als Mittel gegen Skorbut, Nieren- und Blasensteine.

Am besten lässt sich das Aroma frischer Petersilienblätter durch Einfrieren bewahren. Damit die wertvollen Vitamine nicht verloren gehen, sollte Petersilienkraut niemals mitkochen, sondern immer erst an die fertigen Speisen gegeben werden.

Die Verwendungsmöglichkeiten der Petersilie in der Küche sind schier unbegrenzt. Interessant wird es, wenn wir ihren Ruf als Allerweltsgewürz und Standardgarnierung hinter uns lassen, sie sich in neuen Kombinationen bewähren lassen oder z. B. in Suppen und Saucen einmal ganz in den Vordergrund stellen.

Tipps für Kosmetik und Hausapotheke:

Bei *Mückenstichen* die Stichstellen mit dem Saft frischer Petersilienblätter einreiben.

Petersilienaufguss: 2 Teelöffel zerdrückte frische Petersilienblätter mit 1 Tasse kochendem Wasser übergießen, 10 Minuten ziehen lassen, abseihen und kühl stellen. Kompressen bei fettiger und unreiner Haut oder brennenden, schmerzenden Augen. Spülung für kräftiges Haar.

Das Kauen von frischen Petersilienblättern hilft gegen *Mundgeruch.*

Tipps für die Küche:

- ▷ Backen Sie krause Petersilienblätter mit ihren Stängeln etwa 1 Minute in siedendem Fett aus und lassen Sie sie vor dem Servieren auf Papier abtropfen.
- ▷ Genießen Sie gedämpftes Gemüse mit einer heißen Sauce aus einer halb mit Milch, halb mit Gemüsebrühe zubereiteten Mehlschwitze und einem Bund sehr fein gewiegter Petersilienblätter.
- ▷ Servieren Sie eine Würzpaste aus fein gewiegter Petersilie, zerdrücktem Knoblauch und abgeriebener Zitronenschale zu kross angebratenen Austernpilzen.

Omelett mit Grünzeug

8 Eier
150 ml Milch
1 Bund Petersilie, gehackt
Salz
Pfeffer
2 EL Butter oder Margarine
4 Tomaten, in schmale Spalten geschnitten
200 g Mozzarella, in dicke Stifte geschnitten

Eier mit Milch verquirlen, die Hälfte der Petersilie unterrühren und mit Salz und Pfeffer kräftig würzen. Die Eimasse in der heißen Butter oder Margarine bei mittlerer Hitze etwas stocken lassen. Tomaten und Mozzarella darauf verteilen und bei geringer Hitze abgedeckt garen, bis das Ei auch oben nicht mehr flüssig und der Mozzarella halb geschmolzen ist. Mit der restlichen Petersilie bestreuen und sofort servieren.

Ein liebenswürdiger Wirt in Rumänien machte sich bei uns unsterblich, als er uns seine Speisekarte ins Deutsche übersetzte. Er habe »Omelett mit Grünzeug«, erklärte er und bereitete es nach der Bestellung auch gleich mit Tomaten, Käse und Petersilie frisch für uns zu. Wir haben es seitdem häufig nachgekocht. Natürlich können Sie es auch mit allen anderen Spiralenkräutern allein oder in Kombination probieren. Etwas herzhafter schmeckt es mit Mittelmeerkräutern, Tomaten, Schafskäse und schwarzen Oliven.

Petersilienreis mit Banane

1 große Zwiebel, gehackt
2 Tassen Reis
4 EL Butter oder Margarine
5 Tassen Gemüsebrühe
1 Tasse Erbsen
2 Möhren, klein geschnitten
4 Bananen
Paprikapulver
Currypulver
1 Bund Petersilie, fein gehackt

Zwiebel und Reis in 2 EL Butter oder Margarine glasig dünsten, mit der Gemüsebrühe aufgießen und nach der Zeitangabe auf der Reispackung bei geringer Hitze garen lassen. 15 Minuten vor Ende der Garzeit Erbsen und klein geschnittene Möhren zugeben. Die Bananen der Länge nach halbieren und zuerst die Schnittfläche, dann die runde Seite in der restlichen Butter oder Margarine anbraten. Die Schnittfläche mit Paprika und Curry bestreuen. Den Gemüsereis in eine Schüssel geben, Kräuter unterheben. Die gebratenen Bananen mit der Schnittfläche nach oben auf dem Reis verteilen.

Maistaler mit Petersiliensauce

Eier schaumig rühren und mit den anderen Maistalerzutaten vermischen. Löffelweise in reichlich Öl zu goldgelben Talern ausbacken. Alle Zutaten für die Sauce im Mixer oder mit dem Pürierstab pürieren und zu den Maistalern servieren.
Dazu schmeckt ein frisch gestampftes Kartoffelpüree.

Für die Maistaler:
2 Eier
250 g Maiskörner, gegart und vom Kolben gelöst
75 g Weizenvollkornmehl
1 EL weiche Butter oder Margarine
Salz
Pfeffer

Für die Sauce:
2 Bund Petersilie, fein gehackt
⅛ l Kefir oder Schwedenmilch
75 g Parmesan, frisch gerieben
½ Scheibe Vollkorntoastbrot, zerbröselt
½ TL Kräutersalz
1 Knoblauchzehe, zerdrückt

Petersiliensuppe

Kartoffeln, Zwiebel und Bohnen in der Brühe etwa 20 Minuten garen. 100 g saure Sahne und Petersilie zugeben, im Mixer oder mit dem Pürierstab pürieren und mit Salz und Pfeffer abschmecken. Nicht mehr kochen! Sonnenblumenkerne in einer Pfanne ohne Fett kurz anrösten. Die Suppe mit jeweils einem Klecks von der restlichen sauren Sahne, den Sonnenblumenkernen und den Petersilienblättern garnieren.

250 g Kartoffeln, geschält und in Würfel geschnitten
1 große Zwiebel, grob gehackt
100 g grüne Bohnen
1 l Gemüsebrühe
150 g saure Sahne
1 großes Bund Petersilie, fein gewiegt
Salz, Pfeffer
2 EL Sonnenblumenkerne
einige Petersilienblätter zum Garnieren

Schnittlauch

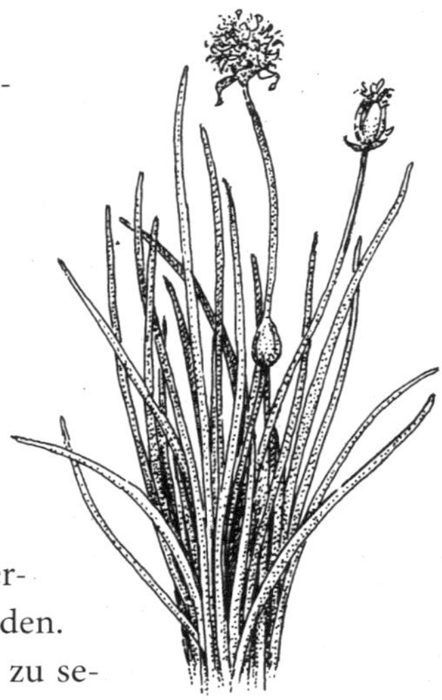

Zu den beliebtesten Nutzpflanzen zählen seit alters her die Zwiebelgewächse. Der zierlichste und mildeste Vertreter dieser Gattung ist der Schnittlauch. In China ist sein Anbau bereits seit 4000 Jahren belegt. Dort mundete er schon Marco Polo, der die Pflanze im Abendland bekannt gemacht haben soll. Bis heute wird in China auf der Straße und in Reisezügen gesottener Schnittlauch als pikantes Fast Food verkauft.

Ebenso weit können die Spuren seiner Verwendung im alten Ägypten zurückverfolgt werden. Wie auf schönen Malereien in Grabkammern zu sehen, wurde er den Göttern als Opfergabe angeboten. Dass man ihn auch in der Antike schätzte, bestätigt seine Erwähnung durch den Dichter Martialis. Kaiser Nero soll täglich Schnittlauch mit Olivenöl verzehrt haben, um seine Stimme wohlklingend und geschmeidig zu erhalten. Tatsächlich haben die im Schnittlauch enthaltenen Senföle einen wohltuenden Einfluss auf die Schleimhäute der Atemwege und die Stimmbänder.

In Mitteleuropa wurde der Schnittlauch erst im Mittelalter gezielt angepflanzt. Seine Verwendung als Küchengewürz ist hier seit dem 16. Jahrhundert nachgewiesen.

In Nordeuropa, Nordasien und Nordamerika ist der Schnittlauch an feuchten Standorten auch wild anzutreffen. Wissenschaftlich heißt er *Allium schoenoprasum* von griechisch *schoinos* (»Binse«) und *prason* (»Lauch«) und gehört zur Familie der Liliengewächse *(Liliaceae)*. Aus einem dicken Wurzelballen mit lauter kleinen Zwiebeln wachsen zahlreiche röhrenförmige, dunkelgrüne, saftige Blätter. Von Mai bis August öffnen sich auf langen, festen Stielen stehende rosarote bis violette Blütenkugeln, die auf Bienen und andere Insekten wie Magnete zu wirken scheinen.

Um möglichst viele aromatisch saftige Blätter ausbilden zu können, braucht der Schnittlauch einen nahrhaften, feuchten Boden. Düngen Sie ihn mit Kompost und einem gelegentlichen Schuss Brennnesseljauche. In Trockenzeiten sollten Sie ihn regelmäßig gießen. Ab März/April kann

Schnittlauch direkt im Freiland ausgesät werden. Am einfachsten ist jedoch die Vermehrung durch Stockteilung. Schnittlauch ist ausdauernd. Wenn Sie auch im Winter Schnittlauch ernten wollen, topfen Sie sich einen Ballen ein und stellen Sie ihn auf die Fensterbank, wo er bald frisch austreiben wird.

Frische Schnittlauchblätter können Sie das ganze Jahr hindurch ernten. Schneiden Sie den Schnittlauch regelmäßig kräftig zurück, dann wachsen immer wieder neue Blätter nach. Lassen Sie dabei aber stets auch einen Teil der Blätter stehen, damit die Pflanze sich wieder erholen und auch blühen kann. Die Blüten sind nicht nur eine gute Bienenweide und wunderschön anzusehen, sondern ebenfalls essbar und eine attraktive Bereicherung für viele interessante Schnittlauchrezepte.

Mit seinem feinen, durch reichlich Senföle genährten lauchartig zwiebeligen Geschmack gibt der Schnittlauch vielen Gerichten genau die richtige frische Würze, wirkt stimulierend und regt Appetit und Verdauung an. Außerdem hat Schnittlauch viel Vitamin C. Wie alle Zwiebelgewächse enthält er Inhaltsstoffe, die sich günstig auf Blutdruck und Cholesterinwerte auswirken und zur Krebsprophylaxe beitragen sollen. Um all diese wertvollen Inhaltsstoffe zu erhalten, gibt man fein gehackte Schnittlauchröllchen am besten frisch über bereits gekochte Speisen. Besonders gut passt er zu Eierspeisen, Rahmsaucen, Suppen, frischen Gemüsesalaten, Kartoffeln, Mayonnaisen, Quark, Kräuterbutter und auf Butterbrot.

Tipps für die Küche:

- ▷ Servieren Sie zum nächsten Gemüsefondue frische Schnittlauchblüten mit Stängel. Die Blüten werden kurz in der Gemüsebrühe gegart, in einen Dip aus Sojasauce und geriebenem Ingwer getaucht und abgeknabbert.
- ▷ Zupfen Sie vorsichtig die kleinen Blütenblätter aus den Schnittlauchblüten und mischen Sie sie in eine Kräuterbutter.
- ▷ Backen Sie die ganzen Blüten in Bierteig aus.
- ▷ Füllen Sie Cocktailtomaten mit einer Mischung aus Frischkäse und Schnittlauchröllchen.
- ▷ Drücken Sie fertig geschmierte Sandwiches mit der Schnittseite in einen Teller mit Schnittlauchröllchen.

Grüner Spargel mit Sesam und Schnittlauchblüten

500 g grüner Spargel, schräg in mundgerechte Stücke geschnitten
Salz
2 EL Olivenöl
1 EL Sesamsamen
2 EL fein geschnittene Schnittlauchringe
1 TL Sojasauce
1 Hand voll Schnittlauchblüten
Salz
Pfeffer

Spargel über wenig Salzwasser bissfest dämpfen. Öl in einer Pfanne erhitzen, erst Sesamsamen, dann Schnittlauchringe, Sojasauce und Spargel zugeben und zugedeckt wenige Minuten kochen lassen. Die kleinen Einzelblüten von den Schnittlauchstängeln lösen (einige ganze Blüten zum Garnieren aufheben) und über den Spargel geben. Zugedeckt noch kurz mitgaren lassen, mit den ganzen Blüten verzieren, mit etwas Salz und Pfeffer bestreuen und sofort servieren.

Schnittlauchpfannkuchen mit Pilzen

200 g Weizenvollkornmehl
3/8 l Milch
3 Eier
1 Zwiebel, fein gehackt
etwas Margarine oder Öl
500 g Champignons, grob geschnitten
2 Knoblauchzehen, zerdrückt
Salz
Pfeffer
3 Zweige Thymian
1 Becher Sahne
1 Bund Schnittlauch, fein gehackt
1 Hand voll frische Kresse

Mehl mit Milch und Eiern gründlich verquirlen und eine halbe Stunde ruhen lassen. Zwiebel in etwas Margarine oder Öl glasig dünsten, Pilze und Knoblauch hinzufügen und weiterbraten, bis die Pilze gar sind. Mit Salz, Pfeffer und frischem Thymian kräftig würzen, Sahne einrühren und leise köcheln lassen. Die fein gehackten Kräuter unter den Pfannkuchenteig heben und im heißen Öl dünne Pfannkuchen ausbacken. Die Pfannkuchen auf Teller legen, auf einer Seite mit der Pilzmischung belegen und zuklappen. Mit frischer Kresse bestreuen.

Lauchbratlinge mit Schnittlauch

Lauch und Knoblauch in der Butter oder Margarine dünsten und abkühlen lassen. Mit Mehl und Eiern zu einem Teig verrühren, mit Salz und Pfeffer würzen. Schnittlauch und Parmesan unterrühren. In reichlich Öl aus jeweils einem Esslöffel Teig kleine knusprige Bratlinge ausbacken.

4 kleine Lauchstangen, in feine Ringe geschnitten
1 Knoblauchzehe, zerdrückt
2 EL Butter oder Margarine
4 stark gehäufte EL Weizenvollkornmehl
2 Eier
Salz
Pfeffer
1 Bund Schnittlauch, fein geschnitten
50 g Parmesan, frisch gerieben
Öl zum Braten

Kräuterbrötchen

Mehl, Backpulver, Butter oder Margarine und Kräuterfrischkäse in eine Schüssel geben. Kräuter darüber streuen, 8 EL Milch dazugeben und zu einem geschmeidigen Teig verkneten. In 10 gleich große Stücke teilen. Jedes Stück noch einmal gründlich durchkneten, zu einem Brötchen formen, an der Oberseite einkerben und auf ein gefettetes Blech setzen. Eigelb mit 1 EL Milch verquirlen und die Brötchen damit bestreichen. Bei 180 – 200 °C etwa 30 Minuten backen.

Mit frischer Butter bestrichen, passen die Kräuterbrötchen hervorragend zu einem Gemüseauflauf oder zu einer leckeren Suppe.

200 g Weizenvollkornmehl
3 TL Weinstein-Backpulver
30 g Butter oder Margarine
100 g Kräuterfrischkäse
1 Bund Schnittlauch, fein gehackt
½ Bund Petersilie und/oder Kerbel, fein gehackt
½ Bund Dill, fein gehackt
9 EL Milch
1 Eigelb

Sauerampfer

Beim Sauerampfer ist der Name Programm: In der breiten Kräuter-Geschmackspalette ist er für die saure Note zuständig. Die Ägypter und Römer verwendeten Sauerampfer als Ausgleich bei fetten Speisen. Im Mittelalter war er vor allem in England weit verbreitet und wird dort bis heute sehr geschätzt. Daher vielleicht auch die volkstümliche Bezeichnung »Englischer Spinat«.

Als einheimische Pflanze ist der Sauerampfer auf bunten, feuchten Sommerwiesen, an Grabenrändern, Flüssen und Bachufern überall anzutreffen und an seinen rötlichen Stängeln, seinen pfeilförmigen Blättern und den großen, rotbraunen Blütenrispen gut zu erkennen. Zur Erntezeit verleiht er so mancher Heuwiese einen rötlichen Schimmer. Für den Garten – und in diesem Fall für die Kräuterspirale – verwendet man andere Sorten mit breiteren, zarteren Blättern.

Der Sauerampfer mit dem botanischen Namen *Rumex acetosa* zählt zu den Knöterichgewächsen *(Polygonaceae).*

Im Garten ist er recht anspruchslos. Er braucht einen nährstoffreichen, feuchten Boden, wie er im unteren Bereich der Kräuterspirale vorhanden ist. Am liebsten steht er schattig bis halbschattig, aber auch ein sonniger Platz macht ihm nichts aus, solange er keine allzu trockenen Füße bekommt. In längeren Trockenperioden sollten Sie ihn daher immer wieder gießen. Von Ende März bis Ende Mai lässt sich der Sauerampfer problemlos an Ort und Stelle aussäen. Da er recht hoch wird, muss nach dem Keimen stark vereinzelt werden. Wenn Sie die Blütenstiele rechtzeitig ausbrechen, können Sie mehr Blätter ernten. Stängel und Blätter machen schlapp, sobald der erste Frost naht. Die Pflanze selbst ist jedoch winterhart und treibt im zeitigen Frühjahr stets von Neuem aus.

Junge Sauerampferblätter kann man laufend ernten. (Die Herzblätter sollten aber stehen bleiben, damit die Pflanze sich erholen kann.) Trocknen kann man die Blätter nicht. Am ehesten lässt sich das Sauerampferaroma noch konservieren, indem man die klein geschnittenen Blätter in wenig Wasser einfriert und später so in Saucen und Suppen gibt.

Sauerampfer enthält reichlich Vitamin C – roh fast so viel wie die Zitrone. Außerdem macht sauer ja bekanntlich lustig. Gegen die berüchtigte Frühjahrsmüdigkeit wirkt der Sauerampfer daher wahre Wunder. Seine Säure weckt müde Geschmacksknospen aus dem Winterschlaf. Er baut die Abwehrkräfte auf, wirkt blutreinigend und entschlackend. Früher waren die jungen Sauerampfertriebe im zeitigen Frühjahr oft die erste ergiebige Vitamin-C-Quelle und galten als wichtiges Mittel gegen den Skorbut.

Für den typisch sauren Geschmack der Sauerampferblätter ist die Oxalsäure verantwortlich. Da Oxalsäure im Körper die Aufnahme von Kalzium hemmt, sollte man Sauerampfer nicht über längere Zeit in rauen Mengen essen. In normaler Dosis ist er aber sehr gesund.

Frische, klein gehackte Sauerampferblätter schmecken gut in Salaten, Quark und kalten Kräutersaucen. In Salzwasser blanchiert und anschließend in Butter gedünstet, ergeben sie allein oder mit Mangold und Spinat ein schmackhaftes Gemüse. Interessant schmeckt seine säuerliche Komponente auch in Kräuter-, Linsen- und Kartoffelsuppen. Allerdings sollten Sie ihn nie in Eisentöpfen kochen, das gibt einen unangenehm metallischen Geschmack!

Tipps für die Hausapotheke:

Blutreinigender Sauerampfertee für die Frühjahrskur: 2 Teelöffel Sauerampferblätter mit 1 Liter kochendem Wasser überbrühen, 10 Minuten ziehen lassen und abseihen. Über den Tag verteilt drei Tassen trinken. (Wegen der Oxalsäure nicht überdosieren!)

Tipps für die Küche:

- Mischen Sie fein geschnittene Sauerampferblätter in einen Möhren-Apfel-Salat.
- Variieren Sie Kartoffelsalat mit gehackten Sauerampferblättern.
- Ziehen Sie 1 Esslöffel fein gehackte Sauerampferblätter unter gezuckerte und mit etwas Zitronensaft beträufelte Erdbeeren.
- Putzen Sie Ihr ererbtes Tafelsilber mit dem ausgedrückten Saft der Sauerampferblätter – das funktioniert mindestens ebenso gut wie mit gekauften chemischen Mitteln!

Chicoréeschiffchen mit Sauerampfer

4 Chicorée
3 EL Olivenöl
1 TL Senf
1 EL Joghurt
1 TL Zitronensaft
1 EL Parmesan, frisch gerieben
Salz
Pfeffer
1 Prise Vollrohrucker
4 EL Sauerampfer, in feine Streifen geschnitten

Chicorée der Länge nach halbieren und vorsichtig den Strunk keilförmig herausschneiden. Öl mit dem Schneebesen nach und nach mit dem Senf verrühren. Joghurt, Zitronensaft und Parmesan zugeben, mit Salz, Pfeffer und Zucker abschmecken. Auf die Schnittfläche der Chicorée je einen Klecks Senfsauce geben, mit den Sauerampferstreifen bestreuen.

Besonders dekorativ auf einem großen runden Teller als Beilage oder als Fingerfood auf dem kalten Büfett.

Sauerampferkuchen

100 g Rosinen
⅛ l Orangensaft, frisch gepresst
250 g Weizenvollkornmehl
2 TL Trockenhefe
⅛ l Milch, lauwarm
1 EL Öl
1 EL Honig
3 – 5 EL Wasser, lauwarm
100 g frische Sauerampferblätter
3 EL Ahornsirup
2 Eier
100 g Haselnüsse, gemahlen

Rosinen im Orangensaft einweichen. Mehl und Hefe vermischen, mit Milch, Öl, Honig und Wasser zu einem glatten Teig verkneten. An einem warmen Ort zugedeckt eine Stunde gehen lassen. Nochmals durchkneten und auf dem Boden einer gefetteten Springform verteilen. Mit den Sauerampferblättern belegen. Orangensaft abgießen, mit dem Ahornsirup und den Eiern verquirlen. Rosinen und Nüsse auf die Sauerampferblätter streuen und mit der Orangensaftmischung begießen. Im leicht angewärmten Ofen noch einmal 30 Minuten gehen lassen, anschließend bei 180 – 200 °C etwa 30 Minuten backen.

Sauerampfersuppe

300 g junge Sauerampferblätter
1 Zwiebel, gehackt
40 g Butter oder Margarine
1 l Gemüsebrühe
Salz
Pfeffer
Muskatnuss, gerieben
1 Prise Vollrohrzucker
100 ml Milch
100 ml Schlagsahne

Die gewaschenen und von den Stielen befreiten Sauerampferblätter übereinanderlegen und in feine Streifen schneiden. Zwiebel in der Butter oder Margarine glasig dünsten. Sauerampfer dazugeben und unter ständigem Rühren vorsichtig zusammenfallen lassen. Mit Brühe aufgießen, aufkochen und etwa 10 Minuten leise köcheln lassen. Mit Salz, Pfeffer, Muskat und Zucker abschmecken. Zuletzt Milch und Sahne unterrühren und sofort servieren.

Wer möchte, kann die Suppe mit einem halben Glas Weißwein verfeinern und 1 – 2 hart gekochte, gewürfelte Eier über die fertige Suppe streuen.

Artischocken mit Sauerampferdip

Saft einer Zitrone
4 Artischocken
100 g Sauerampferblätter, in Streifen geschnitten
2 Knoblauchzehen, gehackt
2 Frühlingszwiebeln, gehackt
4 EL Olivenöl
1 EL Balsamico-Essig
Salz
Pfeffer
½ TL Honig

Zitronensaft in einen großen Topf mit kochendem Wasser gießen, Artischocken dazugeben und etwa 30 Minuten kochen, bis sich die Blätter leicht ablösen lassen. Mit einem Schaumlöffel aus dem Wasser fischen.

Für den Dip alle restlichen Zutaten im Mixer oder mit dem Pürierstab pürieren und zu den Artischocken servieren.

Zitronenmelisse

Lebenskraft und neuen Mut soll die Melisse geben. So jedenfalls heißt es in alten und neuen Werken der Pflanzenheilkunde. Schon die Griechen verwendeten sie als Mittel gegen Melancholie. Paracelsus bezeichnete sie als Lebenselixier. Hildegard von Bingen schrieb, dass die Melisse »das Herz freudig anregt und erfrischt«. Anfang des 17. Jahrhunderts erfanden Klosterfrauen den berühmten (allerdings aber auch hochprozentigen) Melissengeist. Und 1696 behauptete ein Londoner Apotheker: »Eine Dosis Melisse am Morgen bringt die Jugend zurück, stärkt das Gehirn und belebt die sieche Natur.« Angesichts dieser Lobeshymnen können wir nur von Glück sagen, dass das Wunderkraut auf unserer Kräuterspirale wächst.

Melissa officinalis heißt sie wissenschaftlich, stammt aus der Familie der Lippenblütler *(Labiatae)* und ist mit der Minze verwandt. Ihre Heimat ist das östliche Mittelmeergebiet. Heute ist sie in ganz Südeuropa und Vorderasien, aber auch in wärmeren Gegenden West- und Mitteleuropas verwildert anzutreffen.

Die ausdauernde, bis zu einen Meter hoch wachsende Pflanze hat vierkantige, ästige, reich beblätterte Stängel. Die behaarten hellgrünen Blätter sind gegenständig und grob gesägt, in den Blattachsen sprießen von Juni bis September weißliche, nektarreiche Blüten. Alle Pflanzenteile, vor allem aber die Blätter, riechen angenehm nach Zitrone und haben einen würzigen, ebenfalls zitronenähnlichen Geschmack.

Am besten gedeiht die Zitronenmelisse in einem nährstoffreichen, humusreichen Boden in sonniger, windgeschützter Lage. Am Fuß der Kräuterspirale steht sie deshalb gerade richtig. Sie kann ausgesät werden (da sie zu den Lichtkeimern zählt, darf der Samen nicht mit Erde bedeckt werden), einfacher ist jedoch die Vermehrung durch Stecklinge oder Stockteilung. Um das Blattwachstum anzuregen, können Sie die Triebe kurz vor der Blüte kräftig zurückschneiden. Düngen Sie die Pflanze mit regelmäßigen

Kompostgaben, dann kann sie viele Jahre am gleichen Platz stehen bleiben. Wo sie sich wohlfühlt, geht die Zitronenmelisse durch unterirdische Ausläufer in die Breite. Alle paar Jahre sollten Sie sie deshalb durch Abstechen der Ausläufer kräftig stutzen.

Geerntet werden die Blätter kurz vor der Blüte, am besten bei kühlem, trockenem Wetter zur Mittagszeit, wenn der Gehalt an ätherischem Öl am höchsten ist. Sie können vorsichtig im Schatten getrocknet werden, doch geht dabei einiges an Aroma und Heilkraft verloren. Getrocknete Melissenblätter müssen dunkel und dicht verschlossen aufbewahrt werden. Zitronenmelisse kann in Öl und Essig eingelegt und auch eingefroren werden. Am besten nutzt man ihre Inhaltsstoffe jedoch, wenn man sie frisch verwendet.

Die Blätter enthalten das sich leicht verflüchtigende ätherische Melissenöl, Gerb- und Bitterstoffe, Harze und im frischen Zustand auch Vitamine und Enzyme. Zitronenmelisse wirkt appetitanregend, krampflösend, beruhigend, nervenstärkend, schlaffördernd und leicht blutdrucksenkend. Melissentee wird bei chronischem Bronchialkatarrh, fieberhaften Erkrankungen, Kopfschmerz und Migräne empfohlen. Melissengeist beruhigt das nervöse Herz und den nervösen Magen. Äußerlich hilft ein Melissenaufguss gegen Rheuma, Nerven-, Zahn-, Ohren- und Kopfschmerzen, Hautunreinheiten und – rechtzeitig aufgetupft – sogar gegen Herpesbläschen. Frisch gequetschte Blätter wirken kühlend und schmerzstillend bei Bienen- und Wespenstichen. Und eine Massage mit Melissenöl ist der Gipfel der Entspannung.

Die frischen, fein geschnittenen Blätter werden in fertige Speisen eingestreut und niemals mit gekocht. Machen Sie es sich zur Angewohnheit, Desserts mit einem zarten Melissenzweig zu verzieren. Auf diese Weise haben Sie zum Schluss immer eine den Atem erfrischende, anregende kleine Knabberei. Verwenden Sie die Melisse außerdem in allen Gerichten, zu denen auch Zitrone passt, also z. B. in Salaten, Kräutersuppen und -saucen, Pilzgerichten, süßsauren Gemüsegerichten, Eierspeisen, Mayonnaisen, Quark, Marinaden, eingelegten Gurken, Obstsalaten, Gelees, Joghurt, Milchmixgetränken, Bowlen, Limonaden, Longdrinks und Kräuterlikör.

Lassen Sie sich vom Zitrusaroma der Melisse stets aufs Neue überraschen und erfrischen. Und wenn Sie einmal nicht so gut drauf sind, denken Sie an den alten Rat der Klosterfrauen: »Wenn's vorne zwackt und hinten beißt, probier es mit Melissengeist …«

Tipps für die Hausapotheke:

Melissentee: 1 Hand voll zerdrückte frische Melissenblätter (oder 2 TL getrocknete Melisse) mit ¼ Liter fast kochendem Wasser überbrühen, 10 Minuten ziehen lassen, abseihen, evtl. mit etwas Honig süßen.

Melissenaufguss: 1 Esslöffel zerdrückte frische Melissenblätter mit 1 Tasse fast kochendem Wasser überbrühen, 10 Minuten ziehen lassen, abseihen und kühl stellen.

Melissen-Mundwasser für einen frischen Atem und eine milde Desinfektion von Mund- und Rachenraum: 10 g getrocknete Melissenblätter mit 100 ml hochprozentigem Alkohol in eine dunkle Flasche geben und an einem warmen Platz aufbewahren. Nach vier Wochen abfiltern und mit Wasser verdünnt zum Spülen und Gurgeln verwenden.

Tipps für die Küche:

- Geben Sie 100 g frische Zitronenmelissenblätter in 1 Liter Essig und lassen Sie ihn 14 Tage ziehen. Der Essig bekommt einen angenehmen Zitronengeruch.
- Aromatisieren Sie Ihre Maibowle zur Abwechslung einmal mit frischer Zitronenmelisse.
- Bereiten Sie ein fruchtiges Pesto aus frischen Melissenblättern zu.
- Mixen Sie im Sommer eine erfrischende Limonade aus Zitronenmelisse, Zitronensaft, Wasser und Honig.

Exotisches Zucchinigemüse

Zwiebeln und Knoblauch mit dem Curry im Öl glasig dünsten. Zucchini zugeben und einige Minuten weiterdünsten. Mit Weißwein oder Apfelsaft und evtl. etwas Wasser ablöschen. Gemüsebrüheextrakt unterrühren und zugedeckt etwa 10 Minuten garen lassen. Tomaten zugeben und weitere 5 Minuten schmoren. Mangosauce und Zitronenschale unterrühren. Mit Zitronenmelisse bestreuen.
Dazu schmeckt Vollkornreis oder ein herzhafter Hirsebrei.

2 Zwiebeln, grob gehackt
1 große Knoblauchzehe, zerdrückt
1 TL Currypulver
5 EL Öl
1 kg Zucchini, in Würfel geschnitten
6 EL Weißwein oder Apfelsaft
1 TL Gemüsebrühe-extrakt
500 g Tomaten, geviertelt
3 EL Mangosauce (Fertigprodukt)
abgeriebene Schale einer unbehandelten Zitrone
1 Bund Zitronenmelisse, gehackt

Bunter Zitronenmelissensalat

Zitronenmelisse, Zucchini, Apfel und Möhre vermischen. Die restlichen Zutaten zu einer Sauce verrühren, unter den Salat ziehen und sofort servieren.

1 Bund Zitronenmelisse, gehackt
500 g gelbe und grüne Zucchini, grob geraspelt
1 Apfel, grob geraspelt
1 Möhre, grob geraspelt
200 g Joghurt
2 EL Öl
1 EL Senf
Kräutersalz
Zitronensaft

Wrigley's Gartensalat

1 mittelgroße Zucchini, grob gewürfelt
1 kleine Salatgurke, grob gewürfelt
12 Cocktailtomaten
je 1 Hand voll Mangold-, Spinat- und Sauerampferblätter, in 1 cm breite Streifen geschnitten
1 Bund Zitronenmelisse, grob gehackt
1 Bund Pfefferminze, grob gehackt
1 TL Kräutersalz
2 EL Öl
1 EL Balsamico-Essig

Zucchini, Gurke, Tomaten, grüne Blätter und Kräuter mischen und den Salat mit Salz, Öl und Essig abschmecken.

Grüner Melissentrunk

1 Bund Zitronenmelisse, gehackt
einige Zweige Dill, gehackt
300 g Zucchini, grob gewürfelt
1 Zitrone, ausgepresst
Kräutersalz
Pfeffer
Vollrohrzucker
einige Spritzer Jalapeñosauce (»grüne Tabasco-Sauce«)
einige Spritzer vegetarische Worcestersauce
0,7 l Mineralwasser
Eiswürfel

Kräuter, Zucchini und Zitronensaft im Mixer oder mit dem Pürierstab fein pürieren. Mit den Gewürzen abschmecken, in vier hohe Gläser gießen. Mit Mineralwasser auffüllen, nochmals durchrühren, Eiswürfel hineingeben und sofort servieren.

Kalte Zucchini-Joghurt-Suppe mit Zitronenmelisse

Zucchini der Länge nach in dünne Scheiben und dann quer in sehr schmale Streifen schneiden. Zitrone auspressen und dünn schälen. Joghurt mit Brühe und Knoblauch verrühren, mit Salz, Pfeffer und Zitronensaft würzen. Zucchinistifte unterrühren, mit Zitronenmelisse bestreuen und mit der Zitronenschale verzieren.

400 g kleine Zucchini
1 unbehandelte Zitrone
800 g Joghurt
⅛ l Gemüsebrühe
1 Knoblauchzehe, zerdrückt
Kräutersalz
Pfeffer
1 Bund Zitronenmelisse, fein gehackt

Melisse-Müsli-Kekse

Blätter von einem Melissenzweig mit dem kochendem Wasser übergießen, etwa 10 Minuten ziehen lassen, abseihen und auskühlen lassen. Mit Öl, Sirup, Zitronensaft und Vanillepulver verquirlen. Nach und nach Mehl, Stärke, Backpulver, gehackte Zitronenmelisse, Haferflocken, Amarantpoppies und Rosinen unterrühren. Mit einem Teelöffel auf ein gefettetes Backblech setzen und bei 180 – 200 °C etwa 12 – 15 Minuten backen.

1 großer Bund Zitronenmelisse, bis auf einen Zweig fein gehackt
50 ml kochendes Wasser
5 EL Sonnenblumenöl
8 EL Ahornsirup
1 EL Zitronensaft
1 TL Vanille, gemahlen
150 g Weizenvollkornmehl
2 EL Speisestärke
1 TL Weinstein-Backpulver
80 g Mehrkornflocken
20 g Amarantpoppies (aus dem Naturkostladen)
50 g Rosinen

Minze

Um die Entstehung der Minze rankt sich eine antike Sage von Liebe und Leidenschaft:

Minthe war eine wunderschöne Nymphe aus der klassischen griechen Mythologie. Sie und Hades, der Gott der Unterwelt, verliebten sich, wurden aber von Hades' Gemahlin Persephone in flagranti erwischt. In ihrer Wut verwandelte Persephone die schöne Nymphe in jenes Kraut, das in den meisten europäischen Sprachen bis heute ihren Namen trägt: die Minze.

Leidenschaftlich geliebt wird die Minze seitdem auch als Würz- und Heilpflanze. Schon die Ägypter bauten sie systematisch an, die biblischen Pharisäer akzeptierten sie sogar als Steuerzahlung. Griechen und Römer bekränzten sich bei Festen mit Minze und würzten Wein und Saucen mit ihren Blättern; Plinius und Ovid priesen die Kühle und die Erfrischung, die uns die Pfefferminze gewährt.

Im Laufe der Jahrhunderte entwickelten findige Gourmets zahlreiche regionale Minzspezialitäten, vor allem aber Bonbons und andere Süßigkeiten, die das Minzaroma auf besonders angenehme Weise auf unseren Zungen zum Flimmern bringen. Und aus vielen Kosmetika, z. B. Zahncreme, ist die Minze gar nicht mehr wegzudenken.

Von der Minze gibt es unzählige Arten und Sorten. Manche, wie die kriechende Korsische Minze *(Mentha requienii;* Grundlage der berühmten »Crème Menthe«) bleiben mit 2,5 Zentimeter echte Winzlinge; andere, wie die behaarte *Mentha villosa,* werden bis zu einen Meter groß. Auch das Aroma kann sehr unterschiedlich ausfallen. Sehr beliebt ist der Spearmint-Geschmack *(Mentha viridis),* aber es gibt auch Minzearten, deren Aroma leicht an Äpfel, Orangen oder gar Ananas erinnert.

Am bekanntesten von allen dürfte jedoch *Mentha piperita,* die Pfefferminze, sein. Sie gehört zur Familie der Lippenblütler *(Labiatae)* und ist in

Europa heimisch, wird aber heute in vielen Ländern der Erde angebaut. Die mehrjährige Pflanze hat kantige, rötliche Stängel, die 30 bis 60 Zentimeter hoch werden können. Die Blätter sind länglich und gezähnt. Ab Juni blühen an den Zweigspitzen Scheinähren mit rosa- bis lilafarbenen Blüten.

Die Minze lässt sich durch die Teilung kräftiger Pflanzen oder Ausgraben unterirdischer Ausläufer im Frühjahr leicht vermehren. Schnuppern Sie ruhig an den zwischen den Fingern zerriebenen Blättern verschiedener Minzearten, ehe Sie sich ganz nach Ihrem persönlichen Geschmack für »Ihre« Minze entscheiden. Die Pflanze bevorzugt einen feuchten, humosen, nährstoffreichen Boden in halbschattiger Lage. Besonders gut gedeiht sie am Fuße der Kräuterspirale in der Nähe des Teiches.

Doch Vorsicht: Wenn Sie der Minze nicht Einhalt gebieten, hat sie mit ihren kräftigen Seitentrieben innerhalb kürzester Zeit Ihre gesamte Kräuterspirale überwuchert. Die Seitentriebe wachsen etwa 10 – 15 Zentimeter unter dem Boden. Bauen Sie deshalb gleich von vornherein eine unterirdische Bremse ein. Sägen Sie von einem alten 10-Liter-Eimer den Boden ab, buddeln Sie ihn so in die Kräuterspirale ein, dass er etwa einen Zentimeter aus dem Boden schaut, und pflanzen Sie die Minze hinein. Nach zwei bis drei Jahren hat die Pflanze den Boden in dieser für sie sehr engen Begrenzung aber erschöpft, muss ausgegraben und in neue Erde gesetzt werden.

Frische Minzblättchen können Sie jederzeit abpflücken. Für die Vorratshaltung wird kurz vor der Blüte geerntet, und zwar bei trockenem Wetter (nie bei Tau oder Regen!) und dann zur Mittagszeit, wenn der Gehalt an ätherischem Öl am größten ist.

Die Minzblätter sollten im Schatten bei bis zu 35 °C möglichst rasch trocknen und in Schraubgläser gefüllt werden. Die getrockneten Blätter sollten noch grün (nicht grau) aussehen und nicht länger als ein Jahr aufbewahrt werden. Nach längerer Lagerzeit verlieren sie an Aroma und Wirkstoffgehalt.

Die Blätter riechen angenehm und haben einen frischen, scharf-würzigen, kühlenden Geschmack. Sie enthalten bis zu 2,5 Prozent ätherisches Öl mit den Hauptbestandteilen Menthol und Menthon, ferner Gerb- und Bitterstoffe, Flavonoide und andere wertvolle Substanzen. (Wegen des Menthols sollte man auf Pfefferminze verzichten, solange man homöopathische Medikamente einnimmt. Auch Babys können Menthol nicht vertragen.)

Pfefferminze wirkt krampflösend bei Magen- und Darmstörungen, lindert Blähungen und hat sich bei Appetitlosigkeit, Völlegefühl und nervösen Magenbeschwerden vielfach bewährt.

Zur Pfefferminze braucht man aber nicht erst bei bereits verkorkstem Magen zu greifen. Zarte Minzblätter und Zweigspitzen eignen sich auch hervorragend als Küchengewürz. Dabei brauchen wir nicht bloß an die berühmt-berüchtigte »Mintsauce« aus England zu denken. Auch in der spanischen und nordamerikanischen, vor allem aber in der arabischen Küche ist die Minze als Gewürz sehr beliebt. Dabei lässt sie sich sowohl gemeinsam mit anderen Kräutern wie Salbei, Ysop, Bohnenkraut und Estragon als auch als Alleingewürz verwenden.

Experimentieren wir mutig und erobern wir uns die Minze aus den ewigen Teeaufgussbeuteln zurück! Auf den nächsten Seiten finden Sie einige Ideen aus meiner minzigen Kräuterküche.

Tipps für die Hausapotheke:

Pfefferminztee: 1 Esslöffel Pfefferminzblätter mit 1 Liter kochendem Wasser übergießen, 10 Minuten ziehen lassen und abseihen.

Bitte bedenken Sie: Pfefferminztee ist ein Heiltee und sollte deshalb nicht über einen längeren Zeitraum in größeren Mengen als Haustee getrunken werden.

Schwarzer Tee mit Pfefferminze (wenn Sie die Anregung durch den schwarzen Tee nicht missen wollen, eine Spezialität aus den arabischen Ländern): Einige frische Minzblätter mit in jede Tasse geben.

Pfefferminzöl in Stirn und Schläfen massiert, hilft gegen Kopfschmerzen. (Vorsicht, nicht in die Augen kommen lassen!)

Tipps für die Küche:

- ▷ Schneiden Sie Auberginen und Zucchini der Länge nach in dünne Scheiben, braten Sie sie von beiden Seiten in Olivenöl an, bestreichen Sie sie mit einer Paste aus Frischkäse, Joghurt, Knoblauch und fein gehackter Minze und rollen Sie sie zu kleinen Rouladen auf.
- ▷ Kochen Sie ein Minzgelee aus Apfelsaft, Zucker, etwas Zitronensaft und fein gehackter Minze.
- ▷ Auch die hübschen Blüten der Minze sind essbar. Streuen Sie sie z. B. über Früchtequark oder Schokoladeneis.
- ▷ Legendär ist der für die amerikanischen Südstaaten typische Mint-Julep: Füllen Sie eine Mischung aus etwas zerkleinertem Eis, Zuckersirup, Whisky und frischen, gut zerdrückten Minzblättchen etwa drei Viertel voll in Gläser. Schichten Sie darüber bis zum Rand zerkleinertes Eis, das Sie mit Whisky aufgießen und mit Minzblättchen verzieren.
- ▷ Sagenumwoben ist auch die englische, für die meisten Kontinentaleuropäer allerdings eher gewöhnungsbedürftige »Mintsauce«: Erhitzen Sie ⅛ Liter Weißweinessig mit 4 Esslöffel Wasser und 4 Esslöffel Zucker, bis sich der Zucker gelöst hat, rühren Sie reichlich frische, fein gehackte Minze unter und schmecken Sie das Ganze mit Salz und Pfeffer ab.

Süßer Minzquark

100 ml Schlagsahne
1 EL Vollrohrzucker
1 EL Pfefferminzblätter, fein gewiegt
500 g Magerquark
5 EL Kefir oder Schwedenmilch
½ TL Vanille, gemahlen
3 EL Aprikosenkonfitüre

Sahne steif schlagen und ganz zum Schluss Zucker und Minze unterschlagen. Quark, Kefir oder Schwedenmilch, Vanille und Aprikosenkonfitüre gut verrühren. Minzsahne vorsichtig unterziehen. Gut gekühlt servieren.

Bananen-Kirsch-Kuchen mit Pfefferminze

125 g Butter oder Margarine
100 g Vollrohrzucker
2 Eier, verquirlt
3 reife Bananen (etwa 300 g), mit der Gabel gut zerdrückt
200 g Weizenvollkornmehl
1 Päckchen Weinstein-Backpulver
1 Päckchen Puddingpulver Vanille
2 EL Mandeln, grob gemahlen
100 g getrocknete Kirschen (aus dem Reformhaus)
1 gehäufter EL Pfefferminze, fein gehackt

Butter oder Margarine mit dem Zucker schaumig rühren. Nach und nach Eier, Bananen, Mehl, Backpulver, Puddingpulver, Mandeln, Kirschen und Pfefferminze unterrühren. In eine gefettete Kastenform geben und bei 160 – 180 °C etwa 60 Minuten backen.

Saftig, süß und mit einem Hauch Pfefferminze – ein leckerer Kuchen für jede Gelegenheit!

Pfefferminzbowle

7 Stängel Pfefferminze
2 Zitronen, ausgepresst
3 Apfelsinen, ausgepresst
etwas Apfelsaft
3 EL Honig
Mineralwasser

Pfefferminzstängel mit den frisch gepressten Fruchtsäften übergießen und mit Apfelsaft auf einen halben Liter auffüllen. Honig dazugeben und so lange rühren, bis er sich gut aufgelöst hat. Mindestens eine Stunde bei Zimmertemperatur ziehen lassen, dann kühl stellen. Kurz vor dem Servieren mit kaltem Mineralwasser auf einen Liter auffüllen.

Als kühle Sommererfrischung und als Kindergeburtstagsgetränk bestens bewährt. Das Rezept ergibt 1 Liter, also jeweils ein Glas für vier Personen.

Röhrchennudeln mit Pfefferminz-Käse-Creme

400 g Vollkornröhrchennudeln
Salz
200 g Schafskäse
150 ml Kefir oder Schwedenmilch
1 EL Zitronensaft
1 Bund Minze, fein gewiegt
1 Knoblauchzehe, zerdrückt
Pfeffer
100 g geröstete und gesalzene Pistazien

Nudeln in reichlich Salzwasser bissfest garen. Schafskäse mit Kefir oder Schwedenmilch und Zitronensaft im Mixer oder mit dem Pürierstab pürieren. Minze und Knoblauch unterrühren und mit Pfeffer würzen. Die Pfefferminz-Käse-Creme mit den Pistazien unter die heißen Nudeln ziehen und sofort servieren.

Brunnenkresse

Zu Füßen der Kräuterspirale, im kleinen Teich, schwimmt eine grüne Wassernixe – die Brunnenkresse. Sie ist in Europa zuhause, kommt aber inzwischen in den gemäßigten Zonen aller Erdteile an Bachufern und anderen Gewässern vor.

Nasturtium officinale, wie die Brunnenkresse botanisch heißt, ist mehrjährig, gehört zur Familie der Kreuzblütler *(Cruciferae)* und wächst bis zu 60 Zentimeter hoch. An hohlen, kantigen Stängeln wachsen fleischige, sattgrüne, grob gefiederte Blätter. Von Mai bis September zeigen sich kleine, weiße Blüten in lockeren Trauben. Die Frucht ist eine leicht gebogene, zweifächrige, vielsamige Schote.

Der Teich vor der Kräuterspirale bietet die einmalige Chance, diesen guten Wassergeist in den eigenen Garten zu holen und dessen kulinarisches Spektrum damit enorm zu erweitern. Das leckere Kraut ist nämlich in Läden und auf Märkten nur schwer aufzutreiben, und ein wirklich sauberer Bachlauf mit einer guten Kressestelle ist auch nicht überall leicht zu finden. Jetzt brauchen wir jedoch zum Ernten nur bis zu unserer Spirale zu gehen.

Im zeitigen Frühjahr können Sie die Brunnenkresse in ein feuchtes, schattiges Beet selbst aussäen. Noch einfacher ist es, Stängel einer alten Pflanze zu kappen und zum Bewurzeln in eine Schale mit Wasser zu stellen. Sorgen Sie, wie in der Bauanleitung beschrieben, für einen möglichst »gleitenden Übergang« zwischen dem kleinen Teich und seiner Umgebung. Dadurch entsteht ein dauerhaft feuchter Bereich, in den Sie die Kressepflanzen setzen können. Nun brauchen Sie nur noch daran zu denken, den Teich bei Trockenheit regelmäßig aufzufüllen.

Junge Brunnenkresseblätter kann man laufend ernten. Am besten und aromatischsten sind sie jedoch im zeitigen Frühjahr, was gut zu ihrer traditionellen Verwendung als Teil einer vitaminreichen Frühjahrskur passt. Leider eignen die Blätter sich nicht zum Trocknen, sollten also stets frisch verwendet werden.

Mit ihren Kreuzblütler-Verwandten Rettich und Meerrettich hat die Brunnenkresse den hohen Gehalt an hochwirksamen Senfölen gemeinsam. Senföle sind schwefelhaltige Verbindungen mit antibiotischer, keimtötender und reinigender Wirkung, denen die moderne Forschung zudem cholesterinsenkende und krebsvorbeugende Eigenschaften zuspricht. Neben Bitter- und Gerbstoffen enthält Brunnenkresse darüber hinaus reichlich Eisen, ferner Betakarotin, Vitamin C und E und seltene Mineralien, die auch für den typischen scharf-bitteren Geschmack verantwortlich sind, wie Schwefel und vor allem Jod. Im Alpenvorland gilt die Brunnenkresse deshalb auch von alters her als Anti-Kropf-Mittel. Die Brunnenkresse regt außerdem Galle, Leber und Nieren an und wirkt schleimlösend und verdauungsfördernd. In der Naturheilkunde kommt sie bei der Behandlung von Blutarmut und Arteriosklerose, verschleimten Lungen, chronischer Bronchitis, Rheuma, Gicht, Grieß- und Steinleiden sowie Hautausschlägen zum Einsatz.

In der Küche wird vor allem das frische junge Kraut geschätzt. Der Samen schmeckt ähnlich wie Senf und wird auch so verwendet. Brunnenkresseblätter passen zu Kopf-, Gurken-, Tomaten- oder Kartoffelsalat, Quark, Omeletts, Rühreiern und Sandwiches. Da sie schnell welken, sollten sie immer ganz frisch auf den Teller kommen. Wie so oft führt deshalb der letzte Gang vor dem Essen noch einmal zu unserer Kräuterspirale.

Tipps für die Hausapotheke:

Brunnenkressetee gegen Darmträgheit und für klare Haut: 1 Hand voll frische Kresseblätter mit ¼ Liter kochendem Wasser überbrühen, 10 Minuten ziehen lassen und abseihen.

Auch der ausgepresste Saft der Blätter soll bei *Hautproblemen* helfen. Probieren Sie einmal, ihn auf Pickel und Unreinheiten zu tupfen.

Tipps für die Küche:

- Mischen Sie 1 Bund Brunnenkresse mit 250 g Rapunzel (Feldsalat) und einer Sauce aus je 1 EL Sojasauce, Olivenöl und Balsamico.
- Verkneten Sie 250 g weiche Butter mit 1 – 2 Esslöffeln geriebenem Meerrettich und 1 Bund fein gewiegter Brunnenkresse, Salz und Pfeffer.

Brunnenkressesuppe

2 dicke Bund Brunnenkresse, fein gehackt
1 l Gemüsebrühe
250 g saure Sahne
Salz
Pfeffer
einige Kresseblätter zum Garnieren

Brunnenkresse in der Gemüsebrühe etwa 10 Minuten kochen. 200 g saure Sahne zugeben, die Suppe im Mixer oder mit dem Pürierstab fein pürieren (auf Wunsch zusätzlich durch ein Sieb streichen) und mit Salz und Pfeffer abschmecken. Mit der restlichen Sahne und den Brunnenkresseblättchen garnieren.

Eine ganz einfache, aber feine Suppe. Eine ausgefallene Vorspeise zu einem edlen Menü.

Brunnenkresse-Kartoffel-Salat

⅛ l heiße Gemüsebrühe
3 EL Kräuteressig
1 TL Senf
1 Zwiebel, fein gehackt
Pfeffer
einige Spritzer Tabascosauce
500 g Kartoffeln, gegart, gepellt und in Scheiben geschnitten
2 Hand voll Brunnenkresse, fein gehackt
100 g Champignons, blättrig geschnitten
Saft einer halben Zitrone
1 Prise Vollrohrzucker
5 EL Sonnenblumen- oder Sojaöl

Brühe mit Essig, Senf, Zwiebel, Pfeffer und Tabascosauce mischen, über die Kartoffeln gießen, abkühlen und durchziehen lassen. Kresse und Champignons untermischen. Zitronensaft mit Zucker und Öl verschlagen und unter die Kartoffeln heben.

Spaghetti mit Brunnenkresse und Basilikum

Spaghetti in reichlich Salzwasser bissfest garen. Brunnenkresse, Basilikum und Zwiebeln im heißen Olivenöl bei mittlerer Hitze wenige Minuten dünsten. Nüsse in einer Pfanne ohne Fett anrösten und mit der Kräuter-Zwiebel-Mischung unter die Nudeln ziehen. Portionsweise mit Parmesan bestreuen.

500 g Spaghetti
Salz
1 Bund Brunnenkresse, fein gewiegt
1 Bund Basilikum, fein gewiegt
2 Frühlingszwiebeln, fein gehackt
3 EL Olivenöl
50 g Pecannüsse (oder Walnüsse), grob gehackt
50 g Parmesan, frisch gerieben

Verwenden Sie für alle Pastagerichte unbedingt echten Parmesan, den Sie erst kurz vor dem Essen selbst grob reiben. Sein Aroma ist mit den Fertigstreuseln aus der Packung – Alfred Biolek sagte zu Recht, ihr Geschmack erinnere ihn an »geraspelte Regenschirmgriffe«! – nicht zu vergleichen.

Brunnenkresse-Sandwich

Beide Toastbrotscheiben mit Mayonnaise bestreichen und mit fein gehackter Brunnenkresse bestreuen. Eine Scheibe mit den Gurkenscheiben und mit Wheaty belegen. Salatblatt aufdrücken und dünn mit Senf bestreichen. Zum Schluss die Tomatenscheiben auflegen und mit Salz und Pfeffer bestreuen. Die zweite Scheibe darüberklappen und mit Zahnstochern feststecken. Zweimal diagonal durchschneiden, sodass vier Dreiecke entstehen.

Pro Person:
2 Scheiben Vollkorntoast
1 EL Mayonnaise
2 EL Brunnenkresse, fein gehackt
4 Scheiben Salatgurke
1 Scheibe Wheaty (Seitan-Aufschnitt aus dem Naturkostladen)
1 Blatt Eisbergsalat
1 TL Senf
4 Scheiben Tomate
Salz, Pfeffer
4 Zahnstocher zum Feststecken

Ein Sandwich, wie es im amerikanischen Bilderbuch steht. Dazu passen eine Hand voll Tortilla Chips und selbst zubereiteter Eistee.

Die Autorin

Irmela Erckenbrecht lebt bei Göttingen. Die Autorin erfolgreicher Garten- und Kochbücher ist von Spiralformen in Natur, Kunst und Architektur fasziniert. Frische Kräuter für ihre aromatische Veggieküche erntet sie von ihren Kräuterspiralen im Garten und auf dem Balkon.

Sie ist Autorin folgender pala-Bücher:

- ▹ Wie baue ich eine Kräuterspirale?
- ▹ Neue Ideen für die Kräuterspirale
- ▹ Duftoase Kräuterspirale
- ▹ Rosmarin und Pimpinelle – Das Kochbuch zur Kräuterspirale
- ▹ Querbeet – Vegetarisch kochen rund ums Gartenjahr
- ▹ Zucchini – Ein Erste-Hilfe-Handbuch für die Ernteschwemme
- ▹ Erbsenalarm!
- ▹ Auf Veggiekurs durch die Schwangerschaft
- ▹ Das vegetarische Baby – Schwangerschaft, Stillzeit, Erstes Lebensjahr
- ▹ So schmeckt's Kindern vegetarisch
- ▹ Teenager auf Veggiekurs
- ▹ American Veggie – Vegetarische Streifzüge durch die USA
- ▹ Vegane Menüs
- ▹ Probier's vegan
- ▹ Sichtschutz im lebendigen Garten (mit Rainer Lutter)
- ▹ Der Spielgarten (mit Rainer Lutter)
- ▹ Farbstark mit sevengardens (mit Peter Reichenbach)

Bezugsquellen

Versand von Kräuterpflanzen und Saatgut

Deutschland

Kräuter-Simon
Strengweg 1
25842 Efkebüll
www.kraeuter-simon.com

herb's bioland
Gärtnerei & Pflanzenversand
Stedinger Weg 16
27801 Dötlingen
www.herb-s.de

Bioland Hof Jeebel
Biogartenversand
Jeebel 17
29410 Salzwedel
www.biogartenversand.de

Lichtenborner Kräuter
Twetgenweg 10
37181 Hardegsen-Lichtenborn
www.lichtenborner-kraeuter.de

Dreschflegel
In der Aue 31
37213 Witzenhausen
www.dreschflegel-saatgut.de

Manufactum
Hiberniastraße 5
45731 Waltrop
www.manufactum.de

Kräuter- und Wildpflanzengärtnerei Strickler
Lochgasse 1
55232 Alzey-Heimersheim
www.gaertnerei-strickler.de

Bingenheimer Saatgut
Kronstraße 24
61209 Echzell-Bingenheim
www.bingenheimersaatgut.de

Blauetikett Bornträger
In den Aspen 1
67591 Offstein
www.blauetikett.de

Rieger-Hofmann GmbH
In den Wildblumen 7 – 13
74572 Blaufelden-Raboldshausen
www.rieger-hofmann.de

Syringa
Duftpflanzen und Kräuter
Bachstraße 7
78247 Hilzingen-Binningen
www.syringa-pflanzen.de

Waschbär GmbH
Der Umweltversand
Wöhlerstraße 4
79108 Freiburg
www.waschbaer.de

Hof Berg-Garten
Großherrischwand
Lindenweg 17
79737 Herrischried
www.hof-berggarten.de

grüner Tiger
Felix Lage
Fallerstraße 18
82433 Bad Kohlgrub
www.gruenertiger.de

Die Blumenschule
Augsburger Straße 62
86956 Schongau
www.blumenschule.de

Artemisia
Allgäuer Kräutergarten
Hopfen 29
88167 Stiefenhofen im Allgäu
www.artemisia.de

Bio-Saatgut
Gaby Krautkrämer
Weingartenstraße 58
97252 Frickenhausen am Main
www.bio-saatgut.de

Österreich

Reinsaat KG
3572 St. Leonhard
am Hornerwald 69
www.reinsaat.at

Wilde Blumen
Puchheimer Straße 9
4844 Regau
www.wildeblumen.at

Schweiz

Zollinger Bio Samen
Biologische Samengärtnerei
Route de la Praille 20
1897 Les Evouettes
www.zollinger.bio

Biosem
Le Burkli 83
2019 Chambrelien
www.biosem.ch

Sativa Rheinau
Chorbstrasse 43
8462 Rheinau
www.sativa-rheinau.ch

Neubauer
Biogärtnerei & Naturgärten
Lenzenhausstrasse 9
8586 Erlen
www.neubauer.ch

Nisthilfenversand

Deutsche Wildtier Stiftung
Christoph-Probst-Weg 4
20251 Hamburg
www.shop.
deutschewildtierstiftung.de

Schwegler Vogel- und Naturschutzprodukte
Heinkelstraße 35
73614 Schorndorf
www.schwegler-natur.de

Rezepte von A bis Z

Andere Bücher aus dem pala-verlag

Werner David:
Fertig zum Einzug:
Nisthilfen für Wildbienen
ISBN: 978-3-89566-358-1

Michael Altmoos:
Der Moosgarten
ISBN: 978-3-89566-387-1

Irmela Erckenbrecht:
Duftoase Kräuterspirale
ISBN: 978-3-89566-344-4

Irmela Erckenbrecht /
Peter Reichenbach:
Farbstark mit sevengardens
ISBN: 978-3-89566-370-3

Lebensraum Garten

Irmela Erckenbrecht:
Neue Ideen für die Kräuterspirale
ISBN: 978-3-89566-240-9

Agnes Pahler:
Lebensraum Gehölz
ISBN: 978-3-89566-418-2

Irmela Erckenbrecht /
Rainer Lutter:
Der Spielgarten
ISBN: 978-3-89566-313-0

Natalie Faßmann:
Auf gute Nachbarschaft
ISBN: 978-3-89566-257-7

Naturnahe Gartengestaltung

Irmela Erckenbrecht /
Rainer Lutter:
Sichtschutz im lebendigen Garten
ISBN: 978-3-89566-268-3

Ulrike Aufderheide:
Der sanfte Schnitt
ISBN: 978-3-89566-320-8

Ulrike Aufderheide:
Kleiner Garten naturnah
ISBN: 978-3-89566-412-0

Ulrike Aufderheide:
Rasen und Wiesen im naturnahen Garten
ISBN: 978-3-89566-274-4

Vegetarisch kochen und genießen

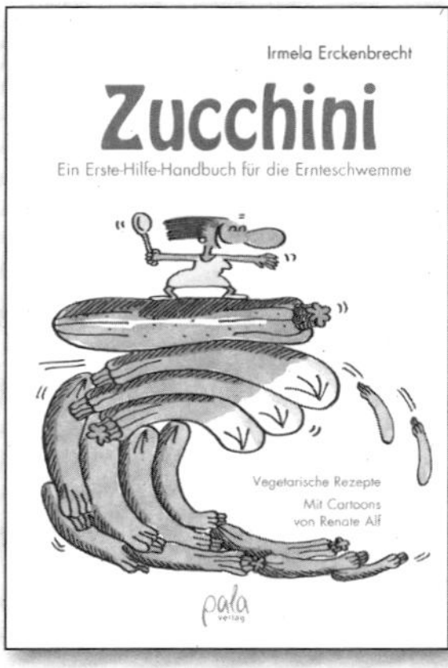

Irmela Erckenbrecht:
Zucchini
ISBN: 978-3-89566-346-8

Irmela Erckenbrecht:
Auf Veggiekurs durch die Schwangerschaft
ISBN: 978-3-89566-362-8

Irmela Erckenbrecht:
Rosmarin und Pimpinelle
ISBN: 978-3-89566-256-0

Karin Walz:
Das Mohnbuch
ISBN: 978-3-89566-318-5

Gesamtverzeichnis bei:
pala-verlag, Am Molkenbrunnen 4, 64287 Darmstadt, www.pala-verlag.de